für dich

Laut **1** Denker

Laut **2** Denker

© 2018 Laut.Denker Christian Gruber

Herstellung und Verlag

BoD – Books on Demand Norderstedt

ISBN: 978-3-7460-9730-5

Laut **3** Denker

..die welt besteht aus poesie
und das leben liebt diese details
in wort und schrift
da alles begreifbare bloß zwischen den zeilen lesbar
und gefühlt wahrgenommen werden
und selbst ohne punkt und komma auskommen kann
wenn der fluss des lesens
dem ozean des lebens gleicht
und aus diesem grund
wünsche ich unendliche gedanken
beim lesen jeder silbe

Laut.Denker

INHALTSVERZEICHNIS

Laut.Denker verständnisgedanken

..mein logo, ich weiß nicht, ob es sich jemand vorstellen kann oder nicht, aber vielleicht interessiert es jemanden da draußen was dieses bild bedeutet, für mich bedeutet, für mich dieses logo, diese marke bedeutet, denn irgendwann entstand der name Laut.Denker, mehr aus einer notwendigkeit für eine damalige lesung, bei der mir mein bürgerlicher name zu wenig ausdruckskraft für meine lyrik aufwies, tja und seit dieser zeit verfasse ich gedichte, videos, gemälde und alles kreative unter dem namen Laut.Denker, es gab mal eine zeit, in der ich wenig getan hab, nichts geschrieben, wenig kreativ war, aber, ja aber, irgendwie ist dieses 2017 ein jahr des aufbruches, sagt zumindest mein gefühl und als ein zeichen des aufbruches mag ich für mich ein symbol setzen, ein symbol für mich, für meine kreativität im sein, ein symbol das mich stets daran erinnern soll wofür ich schreibe, denn in erster linie bedeutet schreiben für mich freiheit und den inneren frieden mit mir selbst, wenn ich alles gedachte auch zu papier bringen kann, wofür die freidenstaube und die feder stehen sollten, mein schreiben ist aber auch ein kampf, ein kampf mit mir und für alles was ich erreichen will in meinem leben wozu auch die gerechtigkeit mit ihrer waage gehört, gerechtigkeit die ich für mich verlange um mit der feder in der einen und dem schwert in der anderen hand für meinen frieden zu kämpfen

augen auf
und ich berühr deine seele
abhängigkeit in einer unabhäng´gen zeit
denn ich frage mich wann bist du dafür bereit
endlich zu verstehen dass ich nicht nur ein spieler
sondern dein ganz persönlicher dealer
so wie andere stoff an der ecke verticken
lasse ich mir gedanklich in meine karten blicken
du sitzt hier und liest den aller reinsten stoff
unabhängig freihändig und abhängig ich hoff
augen auf und ich berühr deine seele
ganz egal ob ich dich lieb oder quäle
meine droge poesie geht intravenös
ich mach dich abhängig - ganz seriös
denn mit jeder zeile mit der ich in dir wühle
wecke ich in dir all deine verborgenen gefühle
und weiter bringe ich deine synapsen zum ranken
durchbreche all deine scheinheiligen egoschranken
ein buchstabe wie dope und crystel ein wort
komm doch her zu mir - gedankengeheimer ort
und dann liefere ich von herz zu herz an dich
all meine liebe für diese welt an sich
augen auf und ich berühr deine seele
ganz egal ob ich dich lieb oder quäle
meine droge poesie geht intravenös
ich mach dich abhängig
ganz seriös

..und mir tut es nicht leid, wenn dich meine zeilen zum weinen bringen, mir tut es nicht leid wenn ich den schmerz in deiner seele zum ausdruck bringe und du dich ohnmächtig fühlst auf grund all der gedanken die durch meine worte auf dich einschlagen, nein mir tut es nicht leid wenn du nicht weißt welche stelle deines körpers nicht schmerzt weil du diese angst spürst von der ich schreibe und nein es tut mir wirklich nicht leid und du, du fragst, wie kann dir das alles nicht leid tun, wenn ich durch deine zeilen noch mehr leid erfahre, durch deine zeilen die alten narben wieder aufbrechen und ich scheinbar, durch deine worte, an meinem seelenschmerz verblute, nur noch vegetiere und nicht mehr bin und ich, ich sag dir, all die narben welche nur scheinbar und für die fassade nach aussen geheilt erscheinen, sollen und dürfen wieder aufbrechen, denn darunter verbirgt sich noch all das elend was zu diesen narben geführt hat, all das elend das in deiner seele schmerzt, und ja es tut mir nicht leid wenn meine zeilen diese narben aufreißen und diesen alten schmerz wieder sichtbar und fühlbar machen, denn nur durch diese bewusstheit, kannst du die alten narben wirklich heilen

hab ich dir schon gesagt
dass ich dich
nein habe ich bestimmt noch nicht
wann sollte ich auch
ich habe doch nie
aber ich habe an dich
oder habe ich nicht
nein sicher habe ich
denn sonst würde ich jetzt nicht
jetzt würde ich was
ja genau
sonst würde ich jetzt nicht an dich
aber ich
oder doch nicht
ich würde für dich
für dich
ja ich würde
habe ich schon gesagt
dass ich für dich
ja habe ich
gut
dann brauche ich es nicht mehr zu
dass ich dich
aber ich will es dir
oder doch nicht
doch sonst bist du
aber ich glaube nicht
denn ich hab ja
schon alles gesagt

---

reimkeim instabil

..ich kann deine worte noch hören
so als wärst du noch immer neben mir
mit jedem wispern
bin ich gänzlich neben dir
und vermag es zu fühlen
denn mein herz kann es spüren
wohin mag das führen
wenn du mich verführst
ohne dass du mich berührst
auch wenn jeder wispernd laut erfasst

..ich kam aus dem gestern und gehe ins morgen
doch bin ich ausschließlich jetzt
in all meinem denken all meinem tun
bin ich rundum vernetzt
mit dem großen und kleinen
mit dem kurzen und weiten
wenn ich für dich schreibe
und meine worte endlich gleiten
wenn ich einfach nur bin
und immer wieder danach strebe
da mein ziel einzig und allein
glück dem ich folge und jeden tag lebe

..ward ich einst so hoch geflogen
hab mich doch nur selbst belogen
zu boden gefallen auf asphalt gekracht
und doch etwas sanfter als gedacht
mich erhoben und abgeschüttelt
hab mich einmal durchgerüttelt
und ach hier stch ich nun
lass uns wieder fliegen

..aufgesogen hab ich jedes wort
doch du warst schon fort
und längst nicht mehr hier
ausser in meinem gespür
und wenn ich dich heute seh
so manch schritte mit dir geh
weiß ich warum du gingst
niemals einen streit anfingst
sondern ruhe in den raum gestellt
warst der punkt der erhellt
neben all dem unmut
so plaudern tut mir gut
denn du weißt wer ich bin
siehst in mir auch meinen sinn
vielmehr als jeder sonst
da du selbst nach deinem tot
mein herz bewohnst

..und wie oft
hab ich dir schon gesagt
dass nur jemand gewinnt
der es auch einmal wagt
sich weiter aus dem fenster zu lehnen
sich weiter nach vorn zu dehnen
als es sonst irgendjemand macht
ob sachlich grob oder doch einfach sacht
denn nichts zählt mehr als dieser augenblick
und dann macht es irgendwann klick
wenn das glück auf einmal auf deiner seite
und dein lächeln geht fortan in die breite
denn nur zähne zeigend
bleibst du bleibend

..ich sehne mich
nach jeder silbe
die du an mich richtest
ich verliere mich
wenn deine stimme
in meinem ohr
mein herz bebt
bei jedem anblick
deiner bilder
mein sein verschwindet
da
die realität fehlt

..lass uns nur einmal noch reden
über all die alte zeit
nur noch einmal nach den antworten streben
vielleicht sind wir heute dazu bereit
einfach mal ehrlich zu sein
und gemeinsam ein stück weit zu sehen
vielleicht holt uns auch die vergangenheit ein
doch ich will nicht ohne antworten gehen
will endlich mein leben wieder leben
nicht weiter in der alten zeit gefangen
sondern frei mit mir nach mir streben
denn bis jetzt bin ich gehangen
doch lass uns nur einmal noch reden
schenke mir diesen einen segen

..sag mir doch du wer ich bin wenn ich dich grenzenlos liebe und mich mit gedankenhiebe in die schranken weise in dem ich laut bleibe und für dich doch zu leise selbst wenn ich ausser mir schreie und gehe weil ich stehe und ich vereine alle religionen und verneine hass doch für dich ist es noch nicht zu krass denn du schaust und klaust mir meine träume wenn ich mich doch nur ein wenig aufbäume in allem was ich so gern für dich wäre lässt du mich im stich und darum sag mir doch du wer ich für dich bin und wahrscheinlich ergibt das hier gar keinen sinn denn es ist mir doch egal wer ich für dich bin auch wenn ich der liebe besinn doch gleicht dein empfinden nicht dem meinen dann können wir uns nicht finden ganz egal ob ich stehe vor dir liege oder mich wie ein regenwurm verbiege

internationaler kinderkrebstag
ich einfach dazu was schreiben mag
ich bete zu gott allah buddha und all den
möchtegern engeln und phropheten
dass wir doch alle mehr gesundheit hätten
dass so wie heute an diesem tag
ein jeder herzlich an krebskranke kinder denken mag
mit einem übermaß an toleranz und mitgefühl
rund herum ist doch alles immer viel zu kühl
einander einfach in die arme nehmen
und sich der liebe zu jedem einzelnen niemals schämen

..weil es dich gibt
bin ich himmelhoch jauchzend und zu tode getrübt
geh über wolken und tauch in den bergen
bin immer nur barfuß auf deinen scherben
bin unzerstörbar und gleichzeitig verletzt
bin vogelfrei und gefangen in deinem netz
bin der größte wenn es ums klein sein geht
ein philosoph der rein gar nichts versteht
bin für dich unterwürfig und immer dein meister
bin unerreichbar und immer leistbar
bin dein rettender anker und die große welle
viel zu langsam in all der schnelle
bin für dich die antarktis und die glühende lava
bin zu schweigsam in all dem gelaber
bin für dich gerade wenn ich mich verbieg
und alles nur weil es dich gibt

..ich blick aus dem fenster
musik im hintergrund
ein gedanke
ein weiterer folgt
nachdenklich
der blick aus dem fenster endet im gedanken
gedanken die nie enden
weitergehen
fortlaufen zum traum
vom blick aus dem fenster
irgendetwas dahinter
davor ein gedanke
ein kleiner traum
ich denke nicht mehr nach
der traum wird zum blick
der gedanke zum traum
vom gedanken an dich

..wir zittern und wagen
rittern um klagen
wir wohnen im sein
sonnen im schein
wir reden im denken
streben nach lenken
geben statt verrenken
wir bauen uns zu
klauen jetzt in aller ruh
um dann wieder peinlich
zittern ganz heimlich

Laut **15** Denker

..jeder von uns ist auf der suche
auf der suche nach etwas mehr
nach schneller höher weiter
hauptsache mehr
und irgendwie vergessen wir uns zu besinnen
dass wir alles haben was wir brauchen
wenn wir denken handeln tun
und weit über den dingen stehen
wenn wir nur einmal beachten
dass wir alles haben
doch warum die suche
warum dieses scheinbare verlangen
nach schneller höher weiter
warum dieses sehnsüchtige verlangen
verlangen nach mehr

..immer wieder
hinterlässt du spuren in meinem leben
obwohl wir schon so lange
nicht mehr gemeinsame pfade gehen
doch du schaffst es immer wieder
dass sich unsere wege kreuzen
und nur für einen augenblick
einen moment lang
wünschte ich mich wieder
an deine seite

..ich habe es schon wieder versäumt
versäumt deine nähe zu genießen
versäumt bei dir zu sein
denn ja
ich bin
einfach viel zu oft gelegenheitsmensch
viel zu oft gelegenheitsdenker
oder einfach nur ich
nicht wirklich mit plan
und nicht wirklich mit vorsatz
doch einfach nur ich
und jeden tag aufs neue
könnte ich mir in den hintern beißen
denn ich kann nicht aus meiner haut
denn ich bin ich
nur ich
obwohl ich weiß was ich kann
obwohl ich weiß was ich bin
bin ich
bin ich nur ich
gelegenheitsmensch der gelegenheiten verpasst
gelegenheiten mit dir

..wohin soll ich noch denken
wenn du mein handeln akzeptierst
mich täglich auf die probe stellst
wenn du mit deinem blick äußerst
was du mit kleidung bedeckst
und weiter nach mehr forderst
in fantasie und im wahren
wenn du unterliegend
versuchst herr über der lage zu sein
um weiter darunter zu liegen
dich opferst für den heimlichen sieg
wenn du niemals sieger sein möchtest
ausser du darfst am treppchen liegen
und wohin soll ich noch denken
wenn mein handeln verhandelbar
mein sein dehnbar und ausfüllbar
wohin soll ich noch denken
wenn du mein denken ausfüllst
ähnlich meiner gedanken dich
wenn deine gier dich würgt
und dir tränen ins augen drückt
und wohin soll ich noch denken
wenn ich doch nur bin
akzeptabel in meiner intoleranz
und tolerant in meiner gefälligkeit
dass ich dir gefallen darf
fallen darf
fallen darf
in deine arme der freundschaft

..was steckt nur dahinter verborgen
wenn ich in deinem offenen buch lese
sich ein gedanke unterscheidet
der weiter nichts weiter ausstrahlt
als die unendliche sehnsucht
ein verlangen
ein sein
mit allem gelehrtem
allen erfahrungen
sowie aller fantasie
die sich in unseren gedanken versteckt
und nur herzlich hervorkommt
wenn all das rundherum schön
angenehm wie auslegbar
in aller sinnhaftigkeit der metapher
wenn schön schwarz
und grausam bunt
wenn himmelhoch jauchzend
der felsen auf dem weg
und zu tode getrübt
ein freudenfest
wenn sich metaphern nirvanisieren
würden wir den anspruch erheben
über liebe zu reden

..mein leben
scheinbar weggeblasen unaufhörlich windend
suche ich nach meinen wurzeln
suche nach dem ich in mir mit jedem atemzug
mit jedem augenblinzeln festgehalten
niemals festgefahren gedankensamen fliegen
ich bin für einen augenblick unendlich
meine gedanken wurzeln
tragen neue früchte und blühen
ich bin unendlich für die ewigkeit

..ich träume
verloren in endlosen zeilen der
gedächtnissynapsen
die sich überwindend keiner hürde scheuen
träume ich vom fliegen
in all der ruhe schwingen mächtig breitend
über den horizont im antlitz morgendämmerung
gleitend
die sich sanft über alles land
unter mir mit tau bedeckt
legend und schillernd
noch der letzten sterne licht mein auge streift
ich fliege weiter weg und höher
fliege unaufhaltbar getragen
frei von jeglicher bewusstheit meines
unterbewusstseins
und spürbar kehrt die realität
ich träume
bin wach am leben

..wie oft bin ich schon abgehauen
wie oft einfach nur gegangen
in dem ich still schweigend blieb
blieb um zu ertragen
dass ich es nicht ertragen kann
wenn ich bleibend gehe
in all den gedanken wie oft ich schon
abgehauen und gegangen bin
um zu bleiben

..ich bin
bin ein meister der verpackung
und doch immer wieder
auf der suche nach dem inhalt in mir
in meiner verpackung
die oft so gut gemacht
dass ich nicht einmal wer weiß
was oder wen ich verpackt habe
und scheitere meistens
an der verknotung der verpackung
die so gut und ausgeklügelt
dass nur meister ihrer disziplin
die lösung finden könnten
wenn wohl ich doch meister der verpackung
und bald auch meister der verknotung
von schwierigkeiten in meinem leben
die ich immer wieder verpacke
als wäre alles eine kleinigkeit
verziert mit rosa plüsch
und bunten schleifchen

..es ist an der zeit über die zeit zu schreiben
da dies zeitzeiger so bestimmend so unendlich
nur durch menschendasein bestimmt
nach vorne bewegt
scheinbar unaufhörlich ihren weg bahnt
in unsere köpfe
die mit jedem tick auf das nächste tack warten
folglich ticktackt es in unseren köpfen
anstatt uns für den moment zu besinnen
die zeit einmal ruhig hinten anzustellen
wenn wir uns alle einmal
nur für einen augenblick
bewusst zu denken machen
dass wir ausschließlich im jetzt leben

..sie erinnert mich an dich wie sie verlegen lächelt
scheu um sich blickt
ihr gemüt verschlossen zur schau stellt
wie sie raucht und redet
wie sie mit handy am ohr läuft
sie erinnert mich an dich
wie sie ihren kaffee trinkt und ihre haare offen trägt
wie sie geht und niedlich schaut
sich ziert bei blickkontakt
wie sie ihre handtasche trägt
sie erinnert mich an dich
oder ist es nur das stille verlangen
wieder an deiner seite zu sein
indem ich in jeder frau versuche dich
wiederzufinden seit dem ich dich verloren habe

Laut **22** Denker

..momentaufnahme frühling
wenn draußen wieder vögel singen
die ersten knopsen sachte sprießen
zarte boten uns den frühling bringen
wenn das leben wiederkehrt
heißt es leben genießen

..ich kenne dich
noch immer wie früher
doch du meinst du hast dich verändert
hättest all die alten laster abgelegt
hättest dich verändert im sein
meinst du bist näher bei dir
bei dem menschen
der du glaubst zu sein
meinst du bist jemand anders
doch ich kenne dich
du sagst du hast der liebe den rücken gekehrt
um mehr auf dich selbst zu achten
hast dich zurückgezogen um offen zu sein
doch ich muss dir widersprechen
denn ich sehe die liebe in dir
sehe all die leidenschaft in dir
denn ich kenne dich
du triffst entscheidungen mit dem herzen
und nicht aufgrund einer veränderung
die du doch nur insziniert
um aufmerksamkeit zu bekommen
denn
ich kenne dich

..ich finde keine worte
wenn ich dich so sitzen sehe
leiden sehe
deine tränen in rot
als zeichen deines schmerzes
aus den untiefen deiner seele
deine tränen in schwarz
im elenden selbstmitleid
und im keine worte finden
streiche ich über deinen rücken
meine hände gleiten
fühlen deine angelegten flügel
ein zucken
ein sein
heb doch deinen kopf
blick nach vor
erhebe dich von diesem stuhl
und fliege
erhebe dich in all die höhen
die du wesen engel
als deine heimat fühlen solltest
als deine geborgenheit
als deine liebe

..kennst du diese tage
die noch nicht einmal zweistellige zahlen schreiben
und du schon ausgelaugt nach pause schreist
ja dann brauchst du mein neues rezept
zum frühstück eine schüssel zynismus
mit reichlich spurenelemente
wie ironie und sarkasmus
erhältlich im imaginären großgebinde
für jederzeit reichlich
zynirosarkasmunie

..wo warst du nur in all der zeit
in all den zeiten ohne dich
in all den gefangenen momenten
in dieser ebbe des lebens
das du jetzt mit leben flutest
am felsen in der brandung
der dich gerettet hat
dich aus den tiefen deiner seele zog
dir noch immer die hand reicht
am felsen der wogenschläge einsteckt
die zuvor nur deine seele trafen
und wie wunderschön ist es
wie du jetzt erhoben sitzt
weil du zu dir gefunden hast
deine arme ausstreckst für die welt
um wiederzugeben
welch glück leben bedeutet

..ich war wohl schon einmal auf erden
schon einmal hier als mensch gefangen
in all den gegebenheiten der schwerkraft
mit ausser bewusstsein geratene illusionen
die sich in aller dehnbarkeit sehnen
sich nach gedanken dehnen
und an der wirklichkeit verrecken
sich lautlos in die höhe strecken
und bilder in meinem kopf malen
die realität bietet qualen
und ich
was bin ich ohne dich
du freiheit die meinen geist spiegelt
du geist der mein sein verriegelt
heute befreie ich dich endlich
schnalle mir die flügel auf den rücken
und diesmal
verbrenne ich nicht

..was habe ich nicht schon alles durchdacht
bis auf punkt und komma niedergeschrieben
alles nur erdenkliche berücksichtigt
alle kompromisse zu konsequenzen gemacht
unwahrscheinlichkeiten eliminiert
wahrscheinlichskeitstheorien exhumiert
alles geplant
und das schicksal
schaut um die ecke und
lacht sich kaputt

..du fühlst dich ausschließlich in grau
vielleicht noch fassetten in weiß
gegebenenfalls auch ein wenig schwarz
bis du die magie hinter der farbe erkennst
und dein herz in bunt in die welt malst

..die hoffnung
hält meinen löwenmut fest an der hand
trägt und führt ihn nahezu unbekannt
heimlich rollen tränen und versiegen
bleib stark und geh noch nicht
du kannst später noch fliegen

..wie du jede faser meines seins
für einen moment in deine hände nimmst
und unnachgiebig mich daran erinnerst
zu sein wie ich träume
zu denken wie ich bin
in anbetracht der realität und ferne
wenn bloß ein gedanke anziehend
nacktes schweigen

..gedankenversunken
hast du dich
um dein leben gewunden
um jeden augenblick
hast immer nur an dir gezweifelt
warst dein feind in deinem körper
dein eigener virus gegen glück
hast dich verloren
strohhalmen widersprochen
aufgegeben
dich förmlich verschickt
doch das parket kam retour
empfänger hölle unbekannt
hast dich geöffnet
deinen virus bekämpft
wurdest zum freund in dir
stehst ausschließlich zu dir
in jedem augenblick
auch wenn noch immer
gedankenversunken
doch dein leben wieder gefunden

..einfach einmal jeglichen alltag beiseite legen
all die laster hinter eine imaginäre wand stellen
und nur all die schönen gedanken auf „on"
diese gedanken vom fliegen vom träumen
vom sein und diese illusion zu „beamen"
mich einfach irgendwohin beamen
gedankenverloren im gedanken finden
sein im jetzt ohne dem jetzt

..und sie
sie nahm ihr leben
wieder in ihre eigene hand
gestaltete es um
malte all die flecken
ihrer vergangenheit in bunt
die von ihm
ganz langsam über all die zeit
in grau gehalten wurden
sie lauschte wieder den klängen der natur
die durch ihn in ihrem gefängnis
nur noch dumpf und schal hörbar waren
und sie lernte wieder
ihre gestutzten flügel zu benutzen
lernte wieder wie es sich anfühlt frei zu sein
sie kämpfte jeden tag mit ihrer angst
kläglich an der neu geschaffenen realität zu
scheitern
doch überwand ihre eigene hürde
sie war frei
hat sich diese freiheit hart erkämpft
und schwor sich nur eines
ganz egal wer oder was noch in mein leben tritt
nie wieder lasse ich mir
meine freiheit nehmen
mensch zu sein

..du weißt es doch genau
viel zu oft viel zu viel
viel zu weit aus dem fenster gelehnt
viel zu hoch deine ansprüche
und dann liegst du wieder flach
kannst dich nur mühsam hochraffen
und du ergötzt dich am anblick
verspottest mich hämisch
mit deinem beschissenen grinsen
du weißt es doch genau
wie es dir geht wenn du bist
gefangen in alten strickmustern
befangen im selbstdenken
und süchtig nachdenklich
wenn du dein spiegelbild betrachtest

..endlich mal wieder klar schiff machen
all das gerümpel über all die jahre
einfach aus den ecken packen
duchforsten
aussortieren
einfach mal wieder klar schiff machen
damit ich platz habe kapitän zu sein
um mein leben zu manövrieren
so richtig gut zu schaukeln
ohne gefahr zu laufen
durch all die altlast zu kendern

..wie schön es doch ist
verzaubert vom ersten augenblick
angetan mit der ersten berührung
verliebt längst vor dem ersten kuss
halten wir leben wir
lieben wir uns durch die welt
gemeinsam hand in hand
unendlich mit jedem herzschlag
über abgründe im höhenflug
einander beflügelnd bereichernd
dankend für jedes weges stein
der uns lehrt verbindet
über all die augenblicke
all die seelenberührungen
mit jedem kuss
wie schön es doch ist
mit dir

..wenn worte doch nur heilen könnten
was taten in der realtiät zerstört haben
welch wunden aufgerissen wurden
welch narben noch immer bluten
..wenn worte doch nur heilen könnten
diesen schatten über mir wegfegen
dieser rastlosigkeit ein bisschen ruhe bieten
diesem schlachtfeld eine weiße flagge schenken
..wenn worte doch nur heilen könnten
was leid in all der zeit verursacht hat
meiner welt wieder etwas schwung verleihen
mich endlich wieder fliegen lassen

..was
kommt noch in all der zeit
in meiner zeit des lebens
auf meinem weg zu mir
auf meinem pfad
auf dem ich war
mich finde
oder längst gefunden habe
mit allem was mich im herzen ausmacht
mit allem was bin
ich bin
ein ausdruck meines selbst
in jeder faser meines lebens
verwurzelt in der lotusblüte
für meinen ausdruck des lebens
ich bin
die hoffnung in meinen fragen
die verworrene wurzel
in meiner seele
bin das jetzt
im strukturierten augenblick
den ich auf meiner zunge trage
bin
die fantasie in der realität
weil ich bin
ich bin gefunden
blühend

..er hat dich getroffen
seit dem ersten augenblick
ging es immer um dein herz
ging es darum was du empfindest
wonach du dich sehnst
hast ausgesprochen was du bist
hast dich niemals verstellt
doch er hat dich getroffen
mit allem was er ist
mit allem was er dir vorgemacht hat
hat dich getroffen
indem du dich mehr und mehr aufgegeben hast
dich versucht anzupassen
ihm gerecht zu werden
ihm zu gefallen
er hat dich getroffen
aus dir jemand anderen gemacht
dich seiner unterstellt
seiner macht dich zu manipulieren
er hat dich getroffen
sein erster blick
sein letzter blick
beiderlei ein todesstoß

....ach du ich
kann
die not in deinem atem hören
wenn deine gedanken queren
wenn dein sein langsam verliert
alles in dir nicht mehr spürt
kann
unumgänglich vorüber gehen
blind das universum sehen
das leise wird in mir laut
ich hab dir dein herz geraubt
bin
tatenlos am taten lösen
wenig gut in allem bösen
kälter als kelvin erlaubt
dir lediglich das herz geraubt
denn
warum schon diebstahl hier
lass dein herz ruhig mal bei dir
kann und will es nicht begreifen
wir sind doch nur am reifen
da
deine not in deinem atem
anders und nicht unangenehm
gefühlt begriffen und erahnt
als hätten wir uns ewig gekannt
denn
dein herz schlägt in dir
meines pocht in diesem wir
unangehalten auch in dir
unaufhaltsam unendlich im wir

..wir zwei sind
wie bonnie und clyde die sich gefunden
um die welt zu umrunden
um still und heimlich unterzutauchen
um die zeit zu gebrauchen
in der endlosen warteschleife der welt
die sich nur für uns beide erhellt
und ist uns jemand auf den fersen
dann verstecken wir uns hinter versen
die verzaubernd glück anmut und geduld
in deiner verruchten unschuld
wenn du dich an mich schmiegend
während wir auf der lauer liegend
wenn du mich mit deinem lachen benutzt
während unser ruf längst verschmutzt
doch egal wir sind und leben den moment
von dem alle reden und niemand kennt
da wir alles wissen und alles sind
und mehr noch unser herz hat bestimmt
dass wären tränen geflossen
hätten wir uns längst selbst erschossen
doch lieber gehen wir durch schnee eis hagel
bis hin zum kugelhagel

..dear mrs. ich vermiss es
wie meine gedanken sich ranken
und sich immer nur um dich drehen kann es oft
nicht verstehen
was du in meinem kopf bewirkst indem du
einfach wirkst
und doch nicht darum schreib ich dir dieses
gedicht
weil du bist und mein ich dich nie vergisst
wenn du berührend worte in die welt setzt die
mich entführend
und mit deinem spieltrieb vor augen kann ich
meine gedanken endlich glauben
die unter die haut gehend verstehend
fühlbar na klar
du lebst du bist du kannst du machst während du
mich unter mir liegend anlachst
mit all deinem du in dir mit allem gespür für die
welt in mir
die sich stillstehend fortbewegend
der stau in der umlaufbahn geht mich dank dir
verdammt noch mal nichts mehr an
da ich mit dir endlich unendlich
ach meine kleine mrs. ich vermiss es

laute kurzgedanken

..du warst und wirst sein doch konzentriere
dich darauf dass du bist

..sei mehr als reklame
für alles was du trägst

..sei nicht traurig über dinge die nicht
so liefen wie geplant sondern stolz
dass du sie erleben durftest

..denke immer groß
und schätze das keinste detail

..dein selbstwertgefühl
muss immer über allem stehen

..du kannst nur weiter kommen
wenn du bewusst deine komfortzone verlässt

..vergiss doch mal den regenschirm
und lass dich reinigen

..ich lieb dein strahlend buntes lachen
wenn du dich in grau in grau hüllst

..als ich dir folgen wollte
war ich längst allein auf hoher see

..wer bin ich wenn ich nur ich und
doch ohne dich

..du bist mir näher als du denkst

..meine stärkste waffe ist meine feder

..solange wir nur denken verpassen wir uns

..ich atme bin und liebe auch wenn
ich nicht bei dir sein kann

..bei dir fühl ich mich zuhause

..laber ruhig aber halt die klappe
wenn ich dich küss

..gib mir am besten die kugel
..vanille oder schokoeis?

....wenn ich an dich denk verrenkt sich mein kopf
weil mein herz ohrenbetäubend schlägt

..mit jeder faser im sein und verbunden
mit der welt um dich wie mich
wenn du grenzenlos versunken
mit jeder faser deines seins

..ich weiß nicht wann ich meinen letzten
liebesbrief an dich mit der hand geschrieben habe
doch ich fühle heute noch was darin stand

..verliebt zu sein ist die kunst der freien fantasie
denn nur dann hört sich mit dir lebenslang so
verdammt erträglich an

..hätte ich je geahnt was du
mit meinen gedanken machst
und dich dabei lediglich krumm lachst
dann hätte ich alles
ganz genau so gemacht wie es war

..du hast mir mit so unendlich viel gespür
die augen verdreht und im selben augenblick
auch das augenlicht
mit dem blick durch mein herz geschenkt

..hasse dieses wiederbeleben
des flows wegen doch eben

..wenn die welt auf dich einprasselt
und du förmlich schutzlos
dem emotionenhagel deiner umwelt ausgeliefert bist
lass mich nur für einen moment
dein schirm sein der dir schutz bietet

..wir beide sind unendlich
doch kommen unsere emotionen hoch
stehen wir mit geladenen waffen
wie zu einem duell gegenüber
und beschießen uns mit komplimenten

..was habe ich bloß all die zeit gemacht
in der ich zwar geweint und gelacht
doch erst jetzt beginne ich zu spüren
wohin mich du als meine muse kannst führen

..und dann stehe ich ganz oben
mit weit ausgebreiteten armen
die durch ihre finger den wind fühlen
mit einem kopf der so frei atmend
bevor ich den nächsten schritt setze

..mit allem was ich bin stehe ich alleine da
und höre lese fühle in all der grundlegenden fülle
mit allem ich in deinem du bei allem wir

..wir glauben uns schützen zu können
vor der gläsernen zeit des menschens
in dem wir uns nur noch zuhaus vergraben
und vergessen dass genau dort
das übel der glasbläserei beginnt

..ab und an scheitert man(n) bei
frauen am rede-nil

..mit nur einem atemzug kannst
du die welt umarmen
wenn du an dich glaubst
..lass dich nicht täuschen und blenden
von dem was andere sagen
was andere behaupten
oder dir in den mund legen
denn du alleine bist dafür verantwortlich
was du bist
was du kannst
was du ausstrahlst

..bloß ein lächeln veranlasst uns zu glück

..irgendwo da draußen
ja irgendwo
ganz egal wo
und es übersteigt meine vorstellungskraft
wo es sein mag
aber ich weiß es
ja ich fühle es aus tiefstem herzen
irgendwo da draußen gibt es dich

..weltfrieden beginnt in deinem kopf

..verpiss dich wenn du mich anpissen willst

..du gehörst ausschließlich dir selbst

..bleiben könnte dies zustand aber nicht

..dich verbiegen und nach hilfe schreien

..visionen sind fantasien mit plan

..alles ist möglich

..immer und immer wieder könnte ich
dich einfach nur umarmen

..inszeniere dein leben als
wäre es ein schauspiel

..kopf hoch denn nur mit dem blick nach
vor läufst du nicht gegen eine wand

baby nimm deine füße in die hände und flieg

..an alle anti-gleichberechtigung denker
..schon seltsam dass du dich im
neandertal wohl fühlst

..bleib am boden auch wenn du träume hast
denn abgehoben lassen
sich schwer wurzeln schlagen

auf meinem lebensplan steht fett gedruckt
„glücklich sein"

in anbetracht jeglicher realitäten
bist du mein engel

liebe ist bodenständig beständig unanständig

nimm mich am besten mit haut und haaren
aber verbrenn dir nicht die finger

..wohin der tage abend wenn
der morgen lächelnd wartet

..versteck dich nicht im jetzt
nur weil deine vergangenheit scheiße war

..stell dir vor
ich stehe vor dir
und lächle

individuell gleich wenn wir
liebe fühle

psst
halt die fresse wenn du nicht verstehst
wer ich bin

reich mir deine hand
und wir werden
gemeinsam fliegen oder fallen

..sei wahr

..fühle dich umarmt

...man verliert nur
wenn man aufgehört hat
an sich zu glauben

wer will kann alles verstehen lernen

Laut **45** Denker

sei immer präsent und vergiss
niemals auf die 3 H
Hirn – Herz – Humor

..ich habe so ein händchen für verrücktes und
schön das du da bist

..nichts weiter und höher
nichts schneller und lauter
denn du bist bei mir in allem minimalen
und kleinen im langsamen und leisen

..durch meinen kopf schleicht ein gedanke
und ich halte die hand drauf
denn er führt mich wie
ein handlauf

..keine angst wenn du dich verliest doch du biest
..ich bewege tag für tag gedanke für gedanke
nehme herausforderungen an lebe sie
und bin am tun
immer augenblicklich

..nimm alle deine sinne wahr
und es wird sich bewahrheiten
dass du mehr als nur mensch

..du siehst es mir vielleicht nicht an
aber tief in mir drinnen hab ich auch ich
mal angst

..lass dich nicht andauernd von deinem
„ichmussüberallsein" leiten sondern
bleibe mal im hier und jetzt

..weihnacht laute zeit was bist du nur geworden
ist doch schon längst nicht nur die welt gefroren
sonern immer mehr der mensch im kreis der zeit
ist er längst nicht mehr für seeleruhe bereit

..wenn du mit deinen reizen spielst erinner dich
doch als du vom himmel fielst

..wenn ich meine augen schließe
kann ich deine silhouette
unter deinem rollkragenpullover
erkennen

..denke nicht was du tun könntest
sondern tu es

---

gelegentlich
jetzt
überheblich
ursprünglich
ehrlich
taktvoll
besonders
rastlos
achtsam
glücklich

..wenn du mich in meine schranken weißt
weiß ich oft nicht mehr
wie du mit richtigem namen heißt

..manchmal gleicht mein denken
einer sternschnuppe wenn du die fantasie in
meinem denken auf bunt stellst

..schmunzeln ist ein gefühlszustand
im zusammenhang mit gedanken
an einen besonderen menschen

..wir sind wie zwei magneten
die sich abstoßend
nicht voneindander können

..nehme dich an das wort „problem"
zu vermeiden denn die steigerungsstufe
davon wäre katastrophe

..euphorie pocht durch dienen kleinen zeh
wenn dein kopf ihm sagt er dar gehen
und umgekehrt erklärt sich dein herzschlag

..sag mir was ich nicht hören will und geh
in dem du bleibst komm zurück wenn du doch
gar nicht weg

wie oft habe ich mich schon selbst hinterfragt
und es nicht gewagt
doch ab jetzt ist schluss
denn ich werfe alte glaubenssätze über bord

..wer nur mit einem geringen einsatz
ins spiel geht
kann nichtden jackpot knacken

..mach mir gern eine szene mit aller theatralik
die du an den tag legen kannst
aber halt die klappe
wenn ich dir meine liebe gestehe

..depressionen sind die folge von zerstörten
visionen aber weißt du darum bescheid
hast du bereits gewonnen

..jeder vulkan wäre neidisch auf das feuer
das in mir brennt weil es dich
für mich gibt

..wer im hinterhalt gedanken schürt
weiß insgeheim dass ein jeder davon
mehr als berührt

..ich kann dich lediglich an der hand nehmen
aber tun musst du selbst

..scheiß auf nachrichten oder glaubst du auch
dass schneewittchen belästigt wurde

..verwuscheltes haar mit dem polster im gesicht
bist du jeden morgen aufs neue
mein schönstes gedicht

..du bist leise manchmal laut
meistens nachdenklich und oft überlegt
doch du bist immer alles

..hab ich dir schon gesagt dass
unsere größten makel an uns selbst
uns für andere schön machen

..dein puls auf 180 bei unserem ersten kuss
der bis jetzt noch immer nicht schluss

..ich liebe meinen 6. sinnwenn es um
Wahrnehmungne geht

..meine krise bewegt sich in kreisen und trifft ost
unvoreingeschätzt mit voller wucht

..wenn nur gedanken zur realität werden
liegt bald selbige in scherben

..war schon auf einigen trips aber
noch nie so berauscht wie
an deiner seite

..wenn ich den gedanken hege dass scheitern ein
erfolg für mein leben ist dann bin ich mächtig
stolz auf alles was ich bereits verkackt habe

..einen schritt vor und einen retour
doch ich sag dir das ist keinesfalls
meine tour

..whatever and wo auch immer
be careful my dear
sonst passiert hier
just a word
eindringlich streichelnd like a sword

..das leben ist kein ponyhof
aber der gedanke an einhörner
macht glücklich

..solange wir nicht tun
sind wir bloß ein abziehbild
unserer gedanken

..guten morgen glück
ach ich bin entzückt
dass du wieder da
so genial wunderbar

..hab ich dir schon gesagt dass
ich es einfach bezaubernd finde
wie du mich bereicherst

..wahre gefühlvolle worte sind das schönste
zahlungsmittel unserer dankbarkeit

..all die worte aller sprachen sind nutzlos
wenn wir nicht endlich zu handlen beginnen

..auch wenn ich dich noch so sehr liebe und
mein herz süchtig nach dir
wenn du gehen willst
lass ich dich gehen

..ich bin eine anhäufung von potenzial
für alle schwachsinnigkeiten dieser generation

..wenn du am stehen bist lass dich tragen
bist du am schwimmen dich retten
bist du gesunken lass dich bergen
und bist du am schweben teile ich gerne meine
wurzeln mit dir

..die wahre rebellion unserer zeit liegt im anders sein

..du kannst mich gerne in schubladen packen
denn es liegt in deiner hand
ob ich bleibe oder du mich frei lässt

Laut **53** Denker

..ganz egal was alles in deiner gegenwärtigen
vergangenheit gewesen ist
die zukunft startet jetzt
..jetzt

..viel zu oft bin ich am verschweigen
was mich berührt
wenn mich der gedanke an dich verführt

..wenn die wahrheit so oft weh tut
müsste doch die lüge immer gut tun

..jeden augenblick mag ich die segel für mein
leben setzen da ich weiß du bist mein wind

..lebe hier und jetzt schau nach vor
genieße wunderbar denn die vergangenheit
ist nicht änderbar

..mich trifft es dich zu treffen da sich
mein herz verliert wenn es
die nähe deines spürt

..mit keinem schlüssel der welt
bekommst du mein herz geöffnet

..wenn du mir schmetterlinge in den bauch
zauberst gib bitte darauf acht denn sonst
werden sie zu räuberlingen

..ganz egal was auch passieren wird
ich wird dich vermissen und
dich niemals vergessen

..hätte mein herz ein schloss wäre ich könig
und du meine königin

..ich weiß nicht was los ist in meiner welt
die sich erhellt bloß wenn
ich an dich denk

..in meinem kopf schreibe ich dir bände
an büchern meiner liebe für dich

..in mir gibt es kein
hätte sollte vielleicht oder würde
denn dies schadet meiner würde

..wenn du es
nur einmal wagst genau hinzusehen
kannst du mein herz lachen sehen

..wenn du „ich liebe dich" schon in die welt
posaunst dann solltest du dir es einmal im spiegel
selber sagen

..wie oft wurde ich schon als „irre" bezeichnet
doch erst als ich es akzeptiert hatte
fühlte es sich richtig gut an

..gebrochene herzen verursachen einen
geschärften blickt

..ich mag meinen variablen
gedankenbecher der immer voll ist
und niemals halb

..manchmal wünschte ich mir
eine zweite möglichkeit für den
ersten moment

..so gerne hätte ich eine welt in der
superhelden ihre runden ziehen

..verzeih mir baby aber ich habe seit
ich dich kenne an keine andere
mehr gedacht

..oftmals haben männer angst vor poesie
weil sie glauben es ginge nur um
sentimentalitäten doch poesie ist das leben

..das leben ist oftmals wie ein schwebebalkan
der schwankt und wankt und wann hast du dich
dafür schon mal bedankt

..und ich freu mich auf die momente
in denen wir keine worte mehr brauchen

..ausgeführte dominanz bedeutet
auch ignoranz

..wenn ein gemeisnamer nenner von
zwei unterschiedlichen primzahlen
gefunden wird kann man von
liebe sprechen

..das denkbare wird zum sagbaren
und wenn es sagbar ist wird es langsam machbar

..wenn man dinge zu tode bespricht
verliert sich
schlussendlich der punkt

..so lange du den fokus zeit betrachtest
liegt dir wohl etwas am jetzt

..suche nicht nach fährten sondern finde deinen
weg und dann vielleicht gefährten

..menschen die nur die fresse aufreißen erkennt
man an den fliegen im mund

..deine meinung ist gold wert darum steh dazu
denn einen barren würdest du auch nicht
einfach liegen lassen

..du musst schon mal knietief in der scheiße
gesteckt sein um zu wissen wie schön fliegen ist

..achte mal auf die menschen rund um
dich und sei stolz

..jedes verschwommene bild von dir
ist schärfer als der rest der welt

wenn ich über deine witze lachen sollte
musst du es mir vorab sagen

..wenn ich an dich denke scheint
mitten in der nachtdie sonne
in meinem herzen

..wer nach den sternen greift wird erfahren
wie es sich anfühlt bei sich selbst den
sternenstaub zu erkennen

..wenn du die welt mit deinen ausführungen
bestehnd aus heißer luft bereichern willst
bewird dich doch bitte als fön

..verrenke nicht dein leben um dich nach anderen
zu richten sondern orientiere dich nach deinen
bedürfnissen

..sei glücklich denn die sonne scheint auch bei
strömendem regen

..träume nicht vom fliegen sondern sei ruhig mal
abgehoben in deiner individualität

..wenn man im stehen „seine beine in die hand
nimmt" heißt es wohl auch automatisch
„arsch hoch"

..zufriedenheit ist die hure
der gesellschaft

..wenn du keine ziele mehr hast dann kannst du
dir auch gleich die daumenschreibe ansetzen

..ist doch nur ein gedicht mit dem ich dir direkt
ans herz fasse

..wäre mein flow
in den zeilen atemberaubend
würdest du gegen ende schnaubend
am boden
liegen

..nenn mich was immer dir am herzen liegt aber
bedenke ich bin einfach nur mensch

..laut denken heißt nicht
wahllos die fresse aufreißen
sondern still zu sein wenn andere
schreien

..ab und zu scheitert man bei männern an ihrer
verständnis-resistenz

..eine gesellschaft die probleme mit
ihrer jugend hat
hat vor jahrzehnten schon scheiße gebaut

..wenn du dein hirn
nicht bei der sache behalten kannst
wunder dich nicht
dass du in der menge untergehst

..wenn man sich im kreis dreht
spielgelt der schwindel
oft die realität wieder

..mit dem finger im arsch
kann man sich nicht
auf die wesentlichen dinge konzentrieren

..rette nicht die welt wenn du dir selbst
nicht helfen kannst

..fackel nicht lange denn sonst fackelt dich
jemand anders an

..im vergleich zu vor 100 jahren sind wir heute
alle porno darsteller

..mein ziel ist die selbstversorgung
und nicht die selbstzerstörung

..bei all den stöcken in so vielen ärschen unserer
gesellschaft hätten wir ein klasses lagerfeuer‑
tag täglich

..ach wie ich sie mag die möchtegern‑proleten mit
ihren statussymbolen a la homo proletarius

..bei all dem burn‑out unserer gesellschaft
wunder ich mich nicht über die globale
erderwärmung

..ich habe schreiben gelernt
um meine seele
zu verablisieren

..nur mal quer erwähnt ich schreibe poesie
mit gedanken und illusionen und keine biografie

..ach ihr männer da draußen warum checkt ihr
nicht was frauen wollen denn sie zu verstehen
Bedeutet nicht ihr auf den arsch zu schauen
sondern ihr ein ohr zu schenken

..wenn die laune im keller ist
gehe ich einen stock tiefer
sie wieder holen

..wie gern wüsste ich was du anhast
wenn du mich das erste mal anfasst

..ganz egal was auch passiert
jeder von uns hat schon
zu viele spuren hinterlassen als dass
wir uns noch aus der affäre ziehen können

..wenn du schon nicht lügen kannst
erzähl mit wenigstens ein märchen
in dem der prinz seine prinzessin rettet

..wie lange habe ich nach der zweiten häflte
meiner seele ausschau gehalten bis
du mich fandst

..die lust auf gestern ist mir heute auch schon
vergangen

..reich mir nur einmal deine hand und ich werde
die welt verändern

Laut **63** Denker

..schon so viel gesehen so viel gehört
immer wieder am gehen
oftmals zeit zerstört doch
ich vermisse dich

..ununterbrochen
reden/hören/sehen wir negatives
doch ausschließlich der positive gedanke
erleuchtet unseren weg

..weißt du eigentlich
dass ich neben all dem was ich mache
allem was ich schreibe
allem was ich bin
noch tausend mal mehr zu bieten habe

..könnte ich singen würde ich zur feder greifen
das schönste aller lieder komponieren
undausschließlich dir alleine präsentieren

..lasziv verrucht ein wenig provokativ wenn
du in hoody und schlapperpants mir
den rücken kehrst

..im glauben und hoffen liegt der funke der
oftmals zu allem fähig

Laut **64** Denker

..müsste ich im detail beschreiben
was schönheit für mich bedeutet
würde ich an jede deiner fasern denken
und deine seele beschreiben

..einst spürte ich den ersten funken von liebe
bis ich verstand ausschließlich ich zu sein
wäre schon liebe genug

..manchmal könnte ich bäume ausreißen
doch meistens versteck
ich mich lieber im geäst

..wer seine tage damit verbringt
auf bessere zeiten zu warten
wird erwartungsvoll scheitern

..irgendwann kommt die zeit in der sich jeder
dieselbe frage stellt doch warte nicht bis zum tod
um zu fragen ob du je gelebt hast

..ich warte ja nur darauf
dass ich einmal eine aufs maul bekomme
doch schlag gern mal zu
dann werde ich sicher nur lauter

..wie kann ich dir beweisen
wohin soll ich noch reisen
was muss ich noch alles sagen
wie lange darf ich nicht klagen
wo willst du mich sehen
oder willst du bloß alleine gehen

..du lauschst mit deinem herzen jeder silbe
doch anstatt danach zu leben
nimmst du dir die freiheit

..ich hatte einmal das dumpfe gefühl
dass ich nichts wert bin
doch all die tränen haben
meine wahrnehmungen geschliffen
und den diamanten in mir zum strahlen gebracht

..wenn du in deinem herzen niemals vergisst
das feuer am brennen zu halten
wirst du auf ewig liebe spüren

..wie oft habe ich schon auf rostigen nägeln
gekaut und gelaubt ich hätte schokolade im mund

..wie oft war ich schon vom duft der liebe betört
und konnte schlussendlich doch nur kotzen

..wenn das augenlicht bloß noch schleierhaft weil
alles sichtbare herzhaft fühlbar

..wenn du einsam bist
und dich wieder nach gesellschaft sehnst
dann fürchte nicht
dass du verletzt werden könntest
denn auch das größte wunder
könnte dich treffen

..wenn ich an liebe denke
denke ich aus welchen grund
auch immer an dich

..sollte ich leise werden
bleib ruhig
denn alles andere
wäre nur belästigung

..sollte ich einmal aus der haut fahren mach dir
ruhig ne umhängetasche draus

..wäre ich im stande
mein herz zum sprechen zu bringen
würden doch auch nur
die gleichen worte fallen

..niemand kann entscheiden
unter welchen umständen
er auf die welt kommt
doch jeder
kann die entscheidung treffen
anderen zu helfen

..tränen sind oft die besten wegbegleiter

..lange habe ich darüber nachgedacht
so viele szenariern durchsponnen
alles für und wider hinterfragt
aber leck mich doch am arsch

..manchmal beneide ich menschen die bis zu den
schultern im arsch manch anderer stecken aber
ehrlich gesagt mir zu dunkel und schmutzig für
fortschritt

..kennst du das gefühl wenn dich etwas ärgert
dein inneres zu kochen scheint und du doch
wieder nur runterschluckst anstatt die welt doch
einfach einmal voll zu kotzen

..hey du hat dir schon jemand gesagt dass es
manchmal besser ist einfach die fresse zu halten

..in all den momenten
in denen du an dir selbst zweifelst
verhinderst du dass du glück empfinden kannst

..kann es sein
dass du dich schon einmal gefragt hast
wie manche menschen
zwischen den zeilen lesen können
..dann übe weiter

..hast du dich schon einmal gefragt warum du
lieber einem obdachlosen etwas geld in den hut
wirfst anstatt die heimische politik zu förden?
..ich schon

..dieses laufen und hetzen einander mit liebe
benetzen dieses andauernde suchen auszeit
urlaub buchen dieses ach wie schön es doch wär
viel zu viel fast vielleicht und ungefähr

..wenn du glaubst ich bestehe nur aus sanften
worten dann unterschätzt du
mein kräftiges schweigen

..wer es wagt nur einen augenblick sich getragen
von worten wohl zu fühlen wird sich wohl fühlen

..es knistert und knarrt
untergräbt und scharrt
es beflügelt und wuschelt
fuck ich bin unterkuschelt

..ich bin angekommen um weiter zu suchen ich
liebe das leben

..wenn der worte sinn
plötzlich irrelevant und dahin
dann kann ich lediglich mein herz
als sprachrohr nutzen

..wenn man tatsachen betrachtet blickt man
lediglich in die vergangenheit

..wer für sich selbst keine geheimnisse hegt
ist für die welt da draußen selten interessant

..wie kam es dass du heute vor dem spiegel stehst
und dich fragst wer ist das

weißt du eigentlich dass du mich gerade in
diesem moment mit nur einem gedanken von dir
an mich gerettet hast

..nur einen wimpernschlag entfernt
der seele türen offen
des herzens schlag erhöht
atmen wir einander
im augenblick kuss

..manchmal muss man sich
vom stein des anstoßes überrollen lassen
um wieder klar denken zu können

..du berührst meine seele
fühlst mein herz
atmest meinen puls
und irgendwo dazwischen
bist du in jeder faser meines ichs

..du und ich durchleben eine symboise
in der wir uns in alle einzelteile zerlegen
und gemeinsam wieder realisieren

..liebe darf dir gern einmal den atem kosten
solange der andere dich wiederbelebt

..gestern heute morgen immer die gleichen sorgen
doch scheiß mal drauf und nimm
heute noch dein glück in kauf

..lass uns für nur einen augenblick
die augen schließen und gemeinsam sein

..jeder von uns ist durch teilung entstanden
und jetzt sind wir hier
und teilen nicht mehr

..versteck dich nicht im jetzt
nur weil deine vergangenheit scheiße war

..wenn du da bist bin ich weg
doch höchst wahrscheinlich
lediglich in deinem herzen versteckt

..wenn man mathematisch
„alles" ausdrücken will
spricht man von 100%
was weiter dazu führt
dass ich dich zu 120% liebe

..wenn du dich oft einmal fragst
was bringt mein leben
dann lass dir von herzen gesagt sein
seit deinem ersten atemzug
bist du unendlich
und darauf solltest du stolz sein

..so muss sich ein entzug
von den härtesten drogen anfühlen
denn ich habe seit zwei tagen
nichts von dir gehört

..wenn mein herz einmal laut mit dir spricht
und gleichsam jeder herzschlag daran zerbricht
dann brauche ich dich mehr denn je

..wenn dich jemand fragt „wie geht's dir?"
dann antworte doch mal ehrlich

..ich träume so oft
doch ausschließlich bei tag
und dann kommt mal unverhofft
die realität die ich doch auch mag

..lass uns doch brücken bauen
über den tellerrand schauen
lass uns gemeinsam schweigen
unendlich bleiben
lass uns auf wolke sieben
endlos lieben

durchforste deinen schrank und sortiere aus
denn all der müll macht dich nur krank

..wage den schritt
komm zu mir und
lass uns getrennte wege gehen

..du willst spielen? dann setz dich auf die schaukel!
mit herzen und seelen spielt man nicht du freak

..wenn du dich einfach vor mich stellst
und mein sein erhellst
dann lebe ich den augenblick

..wenn du nachts kein auge zumachst
weil dein tag dich noch wach hält
dann mach die nacht zu deinem tag
und feiere dein leben

..wenn ich dich begreifen will
bist du einfach nur still
schweigst und ich kann
all deine gedanken lesen

..mit jedem schritt
gänzlich egal welchem
hinterlässt du spuren
doch jeder schritt
hinterlässt auch spuren an dir

..die welt dreht am rand der zeit
und wir unterhalten uns über
welche frisur trage ich heute

..du kannst sein was immer du willst
doch gebe darauf acht
was dein herz wirklich will

..du raubst mir den atem indem wie du bist
weil du so schön vergisst
dass du in jedem moment
alles für mich

...wenn du dich abheben willst
von all den anderen
dann versuche doch einmal du selbst zu sein

..sprich nur ein wort und ich entscheide
ob ich an deinen lippen hängen mag

..halte still
denn ich will
unendlich in bewegung
in all dem schwung unserer liebe taumeln
und gedankenlos baumeln

Laut **75** Denker

..will ich dich greifen
bist du unanfassbar
bin ich unausstehlich
bist du nah
so unbegreiflich unfassbar

..wege enden oft bevor man erkennt
welch kreuzung naht doch liegt es in deiner hand
die situation zu wahren
und den weg des abgrundes
lächelnd zu meiden

..begehre nicht deines nächsten hass unmut
und trübseeligkeit

..dazwischen vermischen sich gedanken
und am ende des tages
ist wieder alles gut

..gerade erhebt sich der mond
wie mit öl auf leine verewigt
und schenkt mir grund zu lächeln
anstoß im traum an dich zu denken

..viel zu oft
habe ich im kampf schon federn gelassen

Laut **76** Denker

..hinter jedem magier stehen
millionen geheime tricks
doch bitte verrate mir deinen größten trick
meine gedanken auf immer zu bannen

..ich halte mich kurz
wenn ich ewig zeit zu haben scheine
und spreche unendlich
wenn ich genötigt werde
mich kurz zu halten

..du suchst nach deinen kraftreserven
nach einer ladestation für deinen akku
schau in den spiegel und lächle
denn lächeln ist die höchste form von energie

wenn du mir deine größte schwäche zeigst
werde ich diese zu meiner stärke machen
und uns beide vollkommisieren

..wie viele emotionen, geschichten und gedanken
muss man bündeln um daraus ein seil zu drehen
womit man sich selbst aus dem loch zieht

du glaubst an die liebe und zweifelst an dir
dann dreh den spieß doch um zweifel an der liebe
aber glaub an dich

Laut **77** Denker

wohin willst du gehen
wenn du dir unaufhörlich
all den fremden schmerz auf deine
schultern haftest
solange dein herz am wegesrand liegt
und dein seele frei sein will
ich lass dir
flügel wachsen
damit
du endlich wieder
gehen lernst

..so gern hätte ich dir gestern
noch gesagt wie schön du aussiehst
wie entspannt
dein lächeln im schlafe sitzt
doch ich wollte dich nicht wecken
und am morgen war
wieder alle anders

..und lass dir gesagt sein
solange du keine antworten suchst
oder bereit bist eine andere
als deine meinung zu akzeptieren
stehst du morgen wieder
vor dem gleichen problem

---

gestern nacht wieder mit tränen eingeschlafen
mein lächeln kam auch am morgen nicht zurück
bis ich das erste mal von dir las

..nicht um zu klagen
sondern um es einfach zu wagen
reiße ich meine fresse
auf und bleibe stumm

..fühle dich doch nur einmal umarmt
wenn ich dir silben zu worten gestalte
um dir die hand zu reichen
um in all deiner last des lebens
über den nächsten stein zu kommen

..mit allem ich auf der suche
nach einem gemeinsamen nenner
und dann einfach mal
strich drunter und sein

..wenn du scheinbar am untergehen bist
achte darauf
dich nicht an menschen zu klammern
die bereits weit unter wasser
sondern achte jene
die vom ufer dir ein seil zuwerfen

..schnapp dir einen stapel post-it
male darauf ein großes herz
schreibe darin
ich bin ok
und klebe es dir überall
in deine wohnung

..wenn du angst hast
dass jemand dein herz verletzt
dann trage es auf deiner zunge
dort wird es nur jemand finden
der es erst mit dir meint

..die wahre, charakterliche stärke
eines menschen, erkennst du ausschließlich
in den momenten seiner schwäche

..schüchtern und zurückhaltend, wenn doch so
reizend und ansehnlich stehst du vor mir und ich
betrachte dein antlitz in meiner fantasie

..was hält uns auf so zu sein
welche gründe
welche ausreden
welche wunden
die uns selbst den vorrang nehmen
dass wir sind wie wir sind

..sag doch einfach einmal danke
danke leben
ganz egal wie beschissen es ist
sag einfach einmal danke
und beklag dich nicht die ganze zeit

..wir haben unendlich viele möglichkeiten
unendlich zu sein
doch nur eine chance
endlich in diesem leben zu sein

..schon seltsam wie sich gedanken
und prioritäten verschieben
wenn der tod an die haustür klopft

..hey
worte können heilen
gehören ausgesprochen
gehören gehört
worte verleihen flügel
müssen gefühlt werden und sind
wenn sie von herzen kommen
die beste medizin

ach fick dich doch

..ist der ausdruck „fick dich doch"
eine aufforderung zu onanie?

..manchmal muss ich mich hinter jalousien
verstecken oder ich suche sonst noch welche
ecken damit ich endlich mal wieder rund laufe
während ich schnaufe und nach luft ringe
während ich von der freiheit singe und sollte
mich jemand finden oder gar versuchen zu binden
laufe ich immer noch – halt mich nicht auf sonst
„fick dich doch"

..hey du da draußen schau mich an und halt die
klappe denn jetzt bin ich mal dran zu sagen was
zu beklagen und zu richten was zu schlichten in
all meiner welt bin ich mein superheld und du
tauchst einfach nur auf und glaubst ich nehme in
kauf nehme mich wieder zurück doch kein stück
denn ich steh an der front und schau was ich
gekonnt ans herz dir lege denn ich hege träume
wünsche ja ich hege das leben in all dem nehmen
und geben in all dem sein auch wenn die realität
mich fordernd holt immer wieder ein doch ich bin
was ich mir erbaut und sage niemals laut
„arschloch" doch wenn du sehen kannst: „fick
dich doch!"

..jeden tag aufs neue mache ich mir klar wo ich in
meinem leben schon einmal war um zu sehen wo
ich bin auf der suche nach sinn und veränderung
mit dem gewissen schwung taten setzen und
mein leben mit sport benetzen der mich
bereichert und all die positiven erlebnisse
speichert und ich bin weit weg von diesem loch –
ach vergangenheit · fick dich doch

..in diesen momenten wenn die kraft scheinbar
am auslaufen und der alltag meinen tagträumen
nicht gleicht weil sie scheinbar in der realiät
ersaufen sag ich meinem kleinhirn gerne es
reicht denn ich bin was ich bin und vielleicht
nicht fehlerfrei doch in jeder faser meines seins
auf der suche nach dem perfekten beat für
scheinbare – fick dich doch – momente

..jetzt wo ich stehe und endlich wieder meine
wege gehe die pfade breit trete und nebenbei zu
meinem gott bete bin ich da mit einem verstand
sonderlich klar der ohne komma und punkt
synapsenübergreifend funkt denn das leben hat
mich fast verbrannt während ich am stand
gerannt verdurstet im gebirgsbach im freien fall
mir alle knochen brach und nahezu erstickt
während all meiner vergangenheit in diesem loch
aus dem ich kroch doch jetzt bin ich an der reihe ·
burn out "fick dich doch"

..jedes mal wenn ich dich höre
reden wir aneinander vorbei
sagen dinge die wir nicht meinen
sind verletzt und übermächtig
wenn du sagst
ich soll tun
ich kann und soll lassen
und ich denk mir nur
fick dich doch
doch ich hör dir wieder zu
und häng an deinen lippen
häng an deinen phrasen
häng mich an deinen worte auf
und denk mir wieder
fick dich doch
indem ich lausche
meine ohren spitze
jede silbe aufsauge
die du so schön
in meine richtung sprichst
mich einnimmst mit all deinem sein
mit vernachlässigst wenn du schweigst
bis ich wieder denke
fick dich doch
denn jedes mal wenn wir uns hören
trifft jede silbe von dir
trifft mich wie der pfeil achilles ferse
und selbst wenn ich mir einrede
fick dich doch
bist du doch die stimme in meinem kopf

---

gedanken im flow

..und wenn du dich zum wiederholten male bei dem thema selbstliebe auskotzen könntest kann ich dir nur sagen dass ich dich verstehe auch wenn ich immer wieder diese worte wähle doch das hat auch einen guten grund denn ich bin davon überzeugt dass wenn sich jemand selbst hasst niemals liebe für jemand anderen empfinden kann und wenn du mir widersprichst dann rumort wohl dein letztes bisschen stolz das sich selbstliebe nennt

..die zeit ist am laufen und alle sind wir immer wieder am schnaufen und keiner wagt es die zeit anzuhalten in dem man bloß mal still steht doch jeder weiß dass das nicht geht weil wir es von klein auf gelernt und inhaliert auch wenn jeder von uns weiß was dann weiter passiert und fühlen uns ohnmächtig in der endlosen spirale die all der zeit um trotz und mit mehr oder weniger qual doch einfach ist bis man die haltestelle dies eine mal nicht versäumt und wenn du erkennst wie wichtig es ist auf dich zu achten freu ich mich dich aus dem fahrenden lebenszug abspringend aufzufangen

..und ich frag dich jetzt einfach mal direkt wie willst du etwas bewegen und die verrosteten angeln der welt ausheben wenn du doch nur still stehst und ausschließlich gedanken hegst die vielleicht mal an die welt gerichtet gehörten doch du sie nicht rausbringst und dann wieder mit dir selbst ringst anstatt sie einfach loszulassen und in worte zu fassen und mit der welt zu teilen denn dann müsstest du nicht an gedanken feilen sondern tun

..draußen vor meinem fenster zieht der wind als wäre meine kleine insel direkt in der umlaufbahn und ich weiß wenn ich springe bin ich verloren denn selbst aus dem kellerfenster wäre es zu hoch und du hast leicht reden wenn du sagst geh doch mal raus doch ich komm nicht mit mir aus und bleibe auch wenn ich lediglich gefangen in mir und wenn ich daran denke mein fenster zu öffnen zieht mein kopf mich sehnend zu boden

..ich will nur dich bei mir in meinem hier und ganz egal was draußen auch passiert und sollte die welt untergehen dann mag ich auf alle fälle neben dir stehen oder liegen und dann ja dann gehen wir fliegen und stellen uns erhoben mit zwei herzen auf die wogen der umlaufbahn und lieben

..wenn die schwärze der nacht über das land gelegt und mein verstand noch mit sonnenschein erfüllt fühlt sich der rabe in mir wie ein goldkehlchen und vermag mit mächtigen flügelschlägen anzuheben um in den schönsten tönen vom glück zu singen

..wage zu wagen denn die waage hat auch keine andere wahl auch wenn sie ab und an vielleicht abwägend waghalsig wägend bis sich zeit und raum in form verfühlen und der waagen sinn erblühen

..sagenumwoben ranken sich die mythen von dieser einen nacht die wohl mit bedacht und gänzlich sacht im antiz deines augenlichtes einherging mit durchstreiften mondlichtzügen und sternenreflexionen all unserer millionen eindrücke welche sich verbindend zu einer brücke in eine scheinbar andere welt die wir eröffnet mit verlaub auch wenn uns dies geschichte niemand glaubt war wohl wahrlich zu beginn noch sonnenlicht und gegen ende wieder

..du verzierst mein gesicht mit einem schmunzeln wenn ich an dich denken kann und bereicherst mein sein mit deiner anwesenheit und das bezaubernste daran ist dass du ebenso empfindest

..als du das letzte mal im streit gegangen bist hätte ich dich nicht vermisst auch wenn du wärst während du bliebst weil du ihn liebst und mich nicht mehr ist es lange her wenn man der zeiten änderung verändert

..mit gekreuzten fingern haben wir uns ein versprechen ausgesprochen und es wie es sich gehört auch richtig gebrochen während wir uns näher kamen und in jedem amen unserer gebete füreinander in die sphären hoben blieb nur noch platz um die realität verschoben wahrzunehmen in all diesen kratzig bequemen sitzgelegenheiten in denen wir uns gebettet ohne dass einer den anderen rettet doch ich habe lunte gerochen während du eines nachts aus unserem bettzeug geflüchtet gekrochen bloß wieder vor mir lagst dich über deine einsamkeit beklagst mir noch sagst dass du mich liebst und mir mit gekreuzten finger ein versprechen gibst

..als du das letzte mal im streit gegangen bist hätte ich dich nicht vermisst auch wenn du wärst während du bliebst weil du ihn liebst und mich nicht mehr ist es lange her wenn man der zeiten änderung verändert

..du verzierst mein gesicht mit einem schmunzeln wenn ich an dich denken kann und bereicherst mein sein mit deiner anwesenheit und das bezauberndste daran ist dass du ebenso empfindest

..wenn ich davon ausgehe dass die menge das gift macht wäre liebe doch jedes mal tödlich und weiter gesponnen muss der umkehrschluss wahrhaftig werden denn wenn liebe alles ist und es eben kein zu viel gibt das toxische verhalten von liebe bei zu wenig einsetzt

..wie oft hast du schon ein problem für dich erkannt und es gekonnt auf all dein umfeld projiziert während du dich gewundert hast dass es niemals kleiner wird solange du deine einstellung dazu nicht änderst denn das problem ist nicht das problem sondern deine einstellung dazu

..sehnsucht ist der überbegriff wenn ein gedankenbild dein herz erfüllt dass bloß der gedanke deinen zustand ändert und dich fortführend in eine scheinbar andere welt in der es ausschließlich glück gibt

..wenn der nebel am morgen stärker am boden haftet als die sonne vermag ihr strahlen zu schicken bleibt mit jedem verlorenen strahl melancholie in der luft

..jahr für jahr wenn die stille wieder ins land kehrt findet sich diese betroffenheit in den menschen die ohne es scheinbar zu spüren doch nur hektischer werden wenn wohl ausschließlich die ruhe einzug halten sollte in einer zeit im jahr die von der natur vorgegeben für stille und ruhe steht um kraft zu tanken für den nächsten frühling

..ich trage dich seit geburt an in mir und mit jedem tag erfüllst du mich mit deinem strahlen und glänzen das mich in jedem moment erhellt weil es dich gibt und weiter gibst du mir den sinn jeden schritt neu zu setzen und mit liebe erfüllt zu wandeln und ach viel zu selten dank ich dir meine liebe seele

..in all diesem hin und her bin ich oft bloß leer in mir und meinem gespür bis ich mich daran erinner dass ich lebe um zu leben und nicht um zu denken darum mag ich diesen gedanken weiterschenken und fliegen lassen denn es ist wichtiger das jetzt zu lieben als jemals zu hassen

..frag mich nicht woher all die gedanken in meinem kopf kommen denn ich weiß es auch nicht und meistens entstehen geschichten aussagen oder metaphern erst mit den ersten silben die wie von zauberhand in meinen sinn gesetzt um sie mit dir zu teilen

..häschen in der grube komm lauf und ja ich weiß du nimmst es allzu gerne in kauf einfach in deinem loch auf bessere zeiten zu warten doch die werden nicht kommen wenn du verweilst und dich nicht aus deinem loch beeilst

..es ist schlussendlich die zeit die uns zu sklaven unserer selbst macht denn es wäre ja gelacht einfach so zu sein wie man ist und fühlt und macht und tut und dann fehlt irgendwann der mut wenn die zeit scheinbar getrieben von fünf springend auf sieben in nur einem atemzug weil wir im hamsterrad dass wir selbst erstellt darum lass dir kurz gesagt sein ach verdammt mir geht es gleich wie dir und ich kämpfe wie du gegen die last der sekunden doch bei all dem umrunden der zeiger ihrer mitte weiß ich dass wir gemeinsam die zeit zum stillstand bringen

..als sie sich das letzte mal verweint in ihren polster kauerte wusste sie noch nicht wie gut es tun kann sich mal all den frust des lebens von der seele zu schreien und als sie sich von ihrem durchweinten polster erhob fühlte sie plötzlich diese energie die sie durchströmte und wie ein frisch geladener akku schritt sie vor den spiegel und blickte in ihr gesicht mit all den kleinen maken und fältchen mit all den grübchen und musste grinsen denn diese energie hat es vollbracht dass sie sich plötzlich schön fand und mit all dieser liebe nahm sie sich selbst an der hand und ging los um ihre welt zu verändern

..wie sehnt es mich nach deinem gesicht um mich in deinen augen zu spiegeln bevor wir uns küssen und immer daran denken zu müssen welch aktion deine haut in gänzlich reaktion mit meiner wenn wir liebend was doch lange her und gleichsam weit weg auch wenn wir so viel teilen ohne uns zu beeilen da wir sind und bleiben mit allem uns in jeder faser menschenkunst

..so leise wurde es um dich als du noch neben mir und gänzlich verstummt warst du in unserer liebe bis gebrochen unser hab und gut und all der fallende balast dich wieder lauter gemacht dass ich dich neu zu lieben begann und du mich fandst

..und immer wieder komme ich an diesen punkt hab mir selbst meine eigenen mauern erstellt und frag mich warum die sonne so oft mein sein nicht erhellt warum ich so oft wie don quichotte gegen windräder renn und irgendwie doch diesen einzigen absprung verpenn um schlussendlich wirklich zu sehen was draußen an sonne ist hab wohl vergessen wer ich bin irgendwo in meinem kampf irgendwo im wind des gefechtes tag täglich in meinem sein und frag mich wann holt mich diese vernunft wieder ein dass ich meine mauern rund um mich endlich mal zu fall bringen kann und die noch größere frage wann fang ich damit an

..es bricht mir das herz wenn ich nur einen einzigen augenblick daran denke doch ich weiß ich habe kein recht dazu und werde es mir auch nicht auf die schultern laden wenn du den wunsch hegst einer veränderung nachzugehen und gehst

..ich weiß es nicht was meine worte in dir bewegen auch wenn ich es erahnen könnte wenn ich wollen würde und doch wären es nur gedanken die der realität fern da ich es lieber von dir in mein ohr geflüstert bekomme

..immer wieder kommt da diese frage und immer wieder der gedanke der sich irgendwie windet wie eine ranke hoch empor und dann doch wieder fallend oder quer denn meist ist es nicht einfach und sogar schwer doch die zeit bringt alle antworten hörte ich mich mal sagen und bin es jetzt am wagen denn auf die frage an was glaube ich weiß ich ich glaube jeden augenblick als erster an mich

..wer wenn nicht wir und ja genau alle hier die lesen und fühlen sich in geborgenheit denken während wir rundum liebe schenken wenn wir selbst wortlos famos

..herzschlag one hundred eighty beats per minute und irgendwie nach oben kein limit wenn das adrenalin durch deine adern strömt wie dein atem wenn sich dein körper aufbäumt und in leidenschaft schwimmt in all den momenten in denen dein herz das meine nimmt und zum leben erweckt

..könntest du mich nur einmal dabei sehen wie ich im gedanken an dich schreibe würdest du dich wahrlich wundern und fragen wie man so lange und anhaltend mit einem grinsen vor einem blatt papier sitzen kann

..verdammt wo ich schon überall war wenn ich zurückblicke auf all die erinnerungen auf hohen bergen wie am meer querfeldein und geradeaus und wie viele menschen ich schon getroffen habe die mich mit jedem augenblick verändert haben und ja ich könnte mich in all den emotionen laben doch so schön auch alles war ich will mehr doch nicht mehr höher hinaus oder weiter durchs land sondern einfach nur im jetzt sein

..wenn du mir glaubst wenn ich vom fliegen spreche dann weiß ich dass ich deine illusionen breche und irgendwann wirst du sagen ich hätte dein herz gebrochen auch wenn es niemals in meinen händen war doch sonderbar bist du überzeugt dass ich dich angelogen auch wenn ich nur ein wenig die wahrheit mit illusion und traum verbogen und dann wirst du hass empfinden weil du dich verarscht fühlst von vorn bis hinten und dann kommt der moment an dem du meinen flug sehen wirst und lass dir gesagt sein du wirst es auch dann nicht glauben darum zweifel nicht an meinen worten sondern an deiner wahrnehmung

..meine stärkste waffe ist meine feder die mich unangehalten führt wenn der worte fluss unbändig aus mir fließend ozeane in den schatten stellt und selbst den erdmittelpunkt erhellt bloß im anblick deiner augen

..verloren und verbittert sitzt du wieder auf dieser verwitterten bank und gott sei dank glaubst du an keinen gott der dich retten könnte wenn er nur wollen würde doch dir fehlt es jetzt schon an würde wenn du in deinem selbstmitleid badest und mit deinem leben haderst da es dir den magen verdreht wenn niemand versteht dass du bloß dich verloren auch wenn dein herz dich jederzeit neu geboren

..es liegt bereits schnee auf den gipfeln rings um mich die wie eine girlande meinen ausblick zieren und ich fühl mich zuhause in all der kälte da es sich so sehr nach dir anfühlt nachdem du gegangen bist

..und wieder höre ich dein hartnäckiges pochen an meine gedankentüre und ich schnüre noch schnell meine reaktion wenn ich öffnen will doch du bist bereits da

....let me be niemals eine kopie von wem auch ever denn forever bin ich in mir das einzige lucky ding das ich bin auch wenn i ask for the sinn hinter allen mauern i will destroy einfach nur aus joy am tun denn tatenlos famos sind just two pair of shoes darum zählen alle dont's and does weil liebe und philosophie let me be

..ach wie ich sie mag diese süßlichen metaphern von liebenden die ihren sülz ins universum schreien wenn sie mit einer kotzigen schleimspur hinter ihnen durch die gegend ziehen und scheinbar die realität verbiegen bis ich mich dabei erwische dir einen stern vom himmel zu holen

..ich arbeite noch hart an meiner performance wenn ich dich romance mit meinem poet·dance to get in trance but were will i go um weiter im flow einfach nur to be in meinem stückchen leben free from the heart und die illusion nur ein ding der fusion in what the fuck is going on aber schon weiter gedacht von herzen gelacht und in meiner arbeit work hard für einen kilometer or a mile but jeder schritt for your smile

..wie habe ich es satt mit leeren worte zu kotzen und nur scheinbar mit den silben nach außen zu protzen die malend und vielleicht sogar ab und an zaubernd doch mir selbst die klarheit raubend die ich doch so sehr sehnend mit jeder faser die mich zu dem macht was ich bin und darin liegt ab heute mein sinn

..ach hab ich dir schon mal gesagt wie sehr ich deine nähe liebe wenn ich mit dir gemeinsam gedanken verschiebe und wieder neu gestalte um das alte neu zu malen in den farben aller sphären da wir uns gänzlich gewähren zu sein wie wir sind

..in all den worten die sich silbenübergreifend die hände reichen und manchmal schlagen aber öfter streichen bleibt tief verankert und gänzlich unverborgen das morgen in anbetracht zukunft jetzt da egal der worte ob härte oder sanftheit einzig und allein das du in dir zählt

..es ist diese verwirrung die in mir auftaucht wenn ich bloß einen gedanken hege der sich weiterspinnt und scheinbar durch meine finger rinnt da ich ihn nicht fassen kann wie das bild von dir das längst verblast

..ich kann mir im spiegel in die augen sehen und weiß warum melancholie in meiner blauen see schimmert und so manch gedanke vor schmerz in meinem kopfe wimmert doch viel mehr weiß ich dass dieses blau wie meine atmosphäre die mich jeden augenblick zum strahlen bringt

..weißt du noch wie wir uns gefunden haben und noch heute laben wir uns an den erinnerungen in denen noch all die schwingungen und kräfte all der zeit denn ich bin heute mehr denn je dafür bereit dass wir uns mit dem band unserer herzen gedanklich in sachten zügen bedecken und es täglich neu betrachten

..wie oft treffen unsere vorstellungen auf metaphern der synapsen die gänzlich verschieden doch jeder zeiger sekunde schafft ein gleichen und mitunter ein händereichen zwischen fantasie und realität

..wir waren mitten unter menschen und alles andere als allein doch in diesem moment als sich unsere augen getroffen haben und kurz darauf unsere hände sich hielten waren wir ganz alleine auf einer verlassenen insel

..ach wie schön hab ich mich in deinen blicken gebadet und bin in den weiten deines bezaubernden ausdruckes geschwommen bis ich verstanden habe dass ich lediglich mein eigener bademeister meines eigenen ozeans

..was immer du mit deinen händen begreifst kannst du fühlen und jedes wort das du mit deinen augen erfasst wird zum gespür in dir sodass du gänzlich umgeben von eindrücken und emotionen darum bist du ein gänzlich wunder in dir

..wie oft hat dir schon jemand einen schiefen blick auf deinen weg geworfen und wie oft warst du noch tage später darüber verunsichert und wie oft hat dir schon jemand ein kompliment ausgesprochen und du hast es lediglich als „ach komm" abgetan

..quer um die ecke gedacht auf der geraden des lebens die doch mit höhen und tiefen bestückt wenn selbst täler auf zeit überbrückt und der faktor himmelhoch glänzend als ziel wenn du selbst die ecke und jeder gedanke zuerst um dich und quer durch dich

..und immer wieder hinterfrage ich diese verhaltensweisen dieser streichelgesellschaft die auf ihren verfressenen ärschen ruht und währenddessen die wohlstandswampe streichelt während nebenan menschen an ihrem eigenen elend verrecken

..es könnte sein dass alles gut wird oder du nimmst deine füße in die hand und ich weiß bei welchem gott auch immer aber höre auf in deinen gedanken zu spinnen sondern gehen schritt für schritt und es ist gut

..das glück nicht mehr zu suchen ist schon glück genug auf einer welt wie dieser die wir besitzen und doch nur zu gast für eine kurze zeit in anbetracht dessen dass wir verantwortung tragen für uns und unsere nachfahren da dieser blaue punkt in der galaxie ein wunder und dadurch schon glück genug

..du hast mich einst gefragt warum es der typ in mir wagt immer mal einfach zu schreiben und selbst in momenten zu bleiben wo andere laufen denn du hättest nicht den atem zum schnaufen und auf die dauer lägst du lieber auf der lauer anstatt dich zu zeigen und du verstehst nicht wie ich die geigen in den wolken sehen kann wenn sich in diesen momenten der himmel auftut und du hinterfragst meinen mut und dann wird es greifbar und vielleicht auch mal nah denn ich mag das positive sehen auf all meinen wegen
..du kannst sein was du willst und jeder der dich halten will sollte seine finger von dir lassen denn ausschließlich du bestimmst dein leben ob easy oder hart aus der sicheren distanz der gegenwart

..wo war ich in meinen gedanken als wir uns das erste mal sahen doch ich habe noch an träumen geleckt und nach dir gelechzt ohne meinen blick zu schärfen was wohl ein ding der zeit wenn die schuppen von den augen fallen doch rückblickend hätte ich das monster in dir sehen sollen

..wenn du deinen mund aufmachst und nur einmal lachst dann weiß ich ich will dich noch mehr als schon doch ich seh dich nur mit geschlossenem mund und ohne lachen was mich dazu bewegt das ich mehr noch bin wie ich bin denn jeden typen der dich zum lachen gebracht hat hast du sein herz gebrochen

..reich mir deine hand und ich stelle dich bloß und dann an die wand doch nur wenn wir alleine und vertraut vielleicht auch ein wenig verspielt wenn wir im regen tanzen und ich doch nur will dass du unter dach an der wand nicht nass wirst

..wenn der tage abend und der mond sein antlitz zart erhebt dann weiß ich dich als meine sonne die in mir bebt auch wenn du mal nicht an meiner seite und ich in mir all die gezeiten spür

..und am punkt beschrieben ist die wahrheit alles und nichts wenn du lügst doch auch so vieles in der auslegung all der realitäten unserer verschiedenen realitäten die geboren am wachsen und gedeihen mit all dem glauben und verzeihen wenn du hinterfragend es bloß einmal wagend hinter die fantasie zu blicken die erst realitäten schafft doch stelle niemals in frage was passiert mit der wahrheit wenn du lügst

..halte dein herz in der hand und es wird dir gestohlen verschließe es und es wird nie erreicht trage es auf deiner losen zunge und du wirst dich verquasseln doch öffne es in deiner brust und du wirst erfahren was liebe ist

..so oft verstehe ich nur das was ich hören will und kommt es wirklich einmal anders fühle ich mich gekrämt in meinem stolz da ich wohl der ahnung wortverlauf nicht forglich zukunft leistend und selbst im rückblick spiegelkabinett suche ich nach der wahrheit

..nichts weiter als ein gedanke der sich händehaltend nach oben rankt und niemals schwankt da ich selbst meine hand für mein lächeln des glücks und wenn dies dann eintreffend dann kann ich es von herzen weitergeben

---

..mein schreiben bewegt sich im wortlosen bereich doch nicht arm sondern reich an silben die mein herz reflektieren und weiterbilden fortan als ich irgendwann damit begann weil nichts wichtiger als sich selbst nie aus dem fokus zu verlieren denn erhoben und gedanken verwoben breite ich jeden meiner schritte

..wie ein handlauf ..der selbst noch im nichts geborgenheit bietet wenn auch ungebeten doch da und na klar halt ich mich daran als alles begann und ich nichts wusste doch mit der zeit lernt man und seinen hoizont *versternt* man

..was bist du nur für mich wenn ich an dich denk und mein herz verrenk und nebenbei doch einfach meinen hass verspüre wenn ich in meiner erinnerungskiste rühre doch dafür bist du nicht schuldig wenn ich dich lediglich huldig

..du liest du bist mit jedem augenblick deiner aufmerksamkeit fassen dir meine zwischenräume in den zeilen an die hand und führen dich berühren dich und fesseln bloß für diesen augenblick und wenn dies gedanke geborgenheit auslöst dann bau dir gern einen unterstand denn dort wo wir uns wohl fühlen beginnt unser herz zu strahlen wenn wir sind im lesen

..worte verändern die welt und weniger oder mehr erhellt bleibt der eindruck der bleibt indem du dir weiter worte einverleibst die streicheln oder kratzen sich erheben oder legen auf schmuddeligen matratzen

..du bist online doch ich hör nichts von dir und irgendwo dazwischen verschwindet das gespür dass doch da und na klar denk ich an dich doch du nicht an mich und wenn du es tust dann sorge ich dafür dass du es musst wenn ich mein herz offen lege und alle meine gedanken an uns schriftlich hege doch keine reaktion auf meine millionste option und ich frag mich was kommt dann wirklich noch bei dir an wenn du nicht einmal meine worte lässt an dich ran und am ende stehst du mit meinem gedicht online vor mir und ich seh dich nicht

..ein moment der seines gleichen sucht wenn das glück verbucht in momenten die wie sonnenstrahlen vom himmel fallen und nur uns beide treffen da wir besessen voneinander und miteinander den moment genießen wenn jegliche gedankensynapsen sprießen da nichts und niemand im stande was mich mit und an dir führt an meinen rand wenn wir uns verschlingen und mit dem klarem verstand ringen im moment wenn ich deine nackte haut auf meiner

..vor mir nur ein stück papier und ein stift der nicht mag doch ich schlag ihn gegen die wand und wenn ich dir schon keinen brief schreiben kann dann ritz ich dir mein geständnis meiner liebe für dich auf meine haut

..es ist noch nicht mal lange aus und jetzt liegen wir gemeinsam in meinem haus und in all den höhen und tiefen in denen wir uns scheinbar verliefen haben wir uns doch immer wieder gefunden und füreinander den eigenen stolz überwunden der uns doch auch zusammengebracht und wenn du deine arme sacht um mich legst hoffe ich nur dass du verstehst dass ganz egal ob wir nicht einer meinung oder gegenseitig suchend unsere triebe ich dich von ganzem herzen liebe

..ach fuck ich kann es nicht in worte fassen und anstatt dich zu hassen dass du dein herz auf der zunge trägst bist du einfach hier und bewegst sprichwörtliche berge und ich bin am verlieben während meine gedanken schwerelos zu dir fliegen in all dem was du bist und hast ohne jeglich last auf meinen schultern versuche ich zu begreifen wozu meine gedanken tag täglich reifen

..du fragst mich was los sei mit mir doch es ist einfach nur mein gespür das der melancholie sehnsucht die türe geöffnet hat um kleinlaut darin zu versinken

..wenn sich mal wieder himmel und hölle auftun und anstatt zu ruhn nur noch lärm verbreiten während sich unsere worte streiten indem wir uns zärtlich halten sind wir am gestalten und ich weiß es wie das amen im gebet am ende steht der himmel wieder an seinem platze und die höllenfratze schicken wir gekonnt zurück denn wir sind in uns der inbegriff glück

..frei aus der atmosphäre empfing ich ein wort das von weiten gesehen erst in meinem linken ohr hörbar wurde auf dem weg durch hammer und sichel weiter durch die synapsen meiner windungen und entfliehend durch das recht bis ich es gerade noch fangend und in der hand haltend sah was es bloß meinem herzen sagen will

..wie oft hast du mich schon gefragt was ich für dich empfinde und ich finde nicht die richtigen worte denn all der worte sorte wäre nicht dem gerecht was ich in echt fühlend wenn sich unsere herzen spürend mit jedem schlag an jedem tag an dem mir der sinn nach unendlichkeit steht auch wenn niemand versteht wie ich kann und doch begann alles am anfang weil du alles und nichts doch vorallem mit nichts zu beschreiben bist denn dein sein ist und mit allem du bist du in mir und mein herzschlag hoch vier

..wir lagen uns in den armen als die welt über unseren köpfen zusammenbrach und kein stein mehr auf dem anderen blieb doch mit jeder zelle unseres seins haben wir den himmel wieder an seinen platz gesetzt denn wir haben uns lieb

..ich könnte ewig um den heißen brei schreiben doch es wird nicht dabei bleiben denn ausschließlich auf den punkt gebracht kann ich dir sagen du bist viel zu sacht und zu schön was ich mir täglich gönn und einverleibend bleibend nicht nur der eindruck sondern der ausdruck der mich an die grenzen bringt und deine nase beringt verführt berührt mein unverständnis wie es sein kann denn du bist alles für mich

---

..ich habe noch nichts gehört von dir heut abend
und sehn mich nach dies labend worten die mich
füllend umhüllend wenn wir schweigen oder mit
sprechen dies ruhe brechen bis in meinem herz
eine jede silbe von dir mit all dem
bahnbrechendem gespür das mich weiter führt
berührt und wie an der hand genommen lausche
ich benommen wie auf drogen all dem
überspannten bogen der sich zwischen uns wie
ein seil spannt bis wir darüber tanzen hand in
hand

..am morgen lagen wir uns herzergreifend in den
armen bis der alltag über uns einzug hielt und all
den momenten gestohlen saßen wir bei kaffee
und kuchen als wir uns ansahen und suchend
weder findend lag diese leere auf dem tisch
zwischen uns bis du nach meiner hand gegriffen
und mich ins bett gezehrt dass wir seit diesem
moment gedanklich nie wieder verlassen haben

..wie oft hab ich mich schon gefragt ob ich das
leben pack und dann gemacht getan und ach give
a fuck denn alles was zählt ist nicht packen
sondern bleiben und sich jeden tag aufs neue
einzuverleiben mit alles was kommt und ist da es
einfach nur wichtig dass man nicht vergisst wer
man ist ob schaffen packen gehen oder einfach
nur mit dem sinn des lebens nämlich leben
schweben

..wie oft lagst du in meinen gedanken schon in meinen armen ohne es wirklich zu wissen und wie oft sehnte sich dein herz nach einem wort von mir ohne dass du es je zum ausdruck gebracht hast

..warum stehen wir nicht endlich auf und wehren uns gegen menschen die glauben uns führen und beherrschen zu müssen in dem sie unsere freiheiten einschränken und uns bevormundend für dämlich halten mit diesem immer wieder kehrenden falschem gesülze an metaphern für es muss sich etwas ändern in all diesem stillstand wenn wohl sie der stillstand ohne metapher oder ironie doch es ändert sich wohl nie wenn wir sitzend und uns beschwerden und einfach weiter kleinlaut bleiben in den zurückgezogenen herden der scheinbaren hilflosigkeit doch schlussendlich bleibt die frage warum wir nichts ändern

..ich stehe meinen mann mit allem was mir gegeben mitten im leben vielleicht nicht wirklich muskulös doch neben dir stets seriös da du weißt mein herz liegt dir zu füßen

---

..oft kann ich gedanken nicht auf einen nenner bringen da ich immer und dauernd am ringen mit all dem emotionen die zwischen den zeilen wenn wir uns schreiben mit all den antworten auf fragen die wir uns gegenseitig zu stellen wagen da du mich mit deinem blick schon lange in den bann gezogen während wir auf stiller see tanzend auf hohen wogen während all dem schweigen mit diesen imaginären geigen wenn ich an dich denke höre ich herzvoll und laut was du gar nicht sagst doch ich weiß wie sehr du es wagst ebenso gedanken nicht auf einen nenner zu bringen da wir gemeinsam am ringen mit allem wir in diesem sein darum mag ich gedankenschwer und federleicht dankbar sein

..einst hast du mir gesagt nur ein wort ist vergänglich und ich solle dir doch etwas schreiben dass du behaltend immer wieder betrachten kannst und als wir uns das letzte mal sahen schwiegen wir während ich dir deinen körper mit meiner liebeserklärung beschrieb

..meine dankbarkeit gegenüber dem leben in welchen zeiten auch immer ob beschissen oder himmelhochjauchzend steht über allem denn nur dadurch kann ich annehmen was mich foltert und gleichzeitig bodenständig bleiben wenn ich am fliegen

---

..wie oft habe ich dich schon weinen gesehen und gehört und ich weiß was in diesem moment alles in dir zerstört und welche gedanken wieder auf packeis liegen dich ich mit welch liebe woher auch immer nicht mächtig wieder gerade zu biegen doch was wäre wohl gerade wenn du dir zu schade solange du nicht verstehst du bist das wunder in dir

..du warst immer für mich da bei allem was ich je gebraucht habe und bei allem was mir je am herzen lag hattest du ein offenes ohr auch wenn ich das lange nicht gesehen habe weiß ich es jetzt tief in meinem herzen und weiß wie sehr du vorbild für deine umgebung warst auch wenn ich erst jetzt züge deines wesens in mir erkenne

..ach du was soll ich dir noch sagen ausser spring spring solange du noch aufrecht gehen und stehen kannst doch spring und ganz egal was dich unten erwartet spring doch einfach denn sollte es wirklich nur wasser sein freue ich mich wenn du wieder auftauchst

..verwegen verwoben wenn sich die gedanken drehen im schleiflicht der nachttischlampe die bloß den augenblick beleuchtet und doch kein licht auf die realität werfen kann denn oft gibt es keinen anfang auch wenn man sich dreht und weiter nicht versteht wohin wodurch und überhaupt

..wenn sich an irgendeiner ecke des lebens stress anbahnt und sich alles wie in einem teufelskreis von ecke zu ecke wie ein lauffeuer ausbreitet und du dich gänzlich verarscht vom leben fühlst weißt du erst zu schätzen wie schön es ist eine runde stelle zu haben

..ach was haben wir beide schon durchgemacht und wie sehr liebe ich all diese momente mit dir seit wir uns hier auf erden unter einem dach befinden denn ganz egal was noch kommen mag wir beide sind unzertrennlich und sogar über das lebendige hinaus weiß ich wir sind unendlich und mein stolz trifft deinen leichtsinn so wie meine regeln deine grenzen und wenn wir uns umarmend in den schlaf wiegen sind wir eins mein großer sohnemann

..draußen vor meinem fenster prasselt der regen an die scheibe und erinnert mich an all die tränen meines lebens und mit all der sehnsucht nach der ruhe nach dem sturm und den ersten sonnestrahlen greife ich nach deiner hand neben mir und weiß dass wir für uns die zeit der sonnenstrahlen gefangen haben

..so als berührte mich deine hand die den vorwand zu nutzen schien als ich von dir ging in all der zeit in der du bereit und willig doch niemals einsilbig gänzlich elegant und zart wie hart genommen klar bei verstand mit deiner hand an mir als würde sie mich berühren während ich mich selbst am verführen im lauf der gezeiten auf deinen ganz persönlichen ebenen und weiten so als berührte mich deine hand auf meinem stück land mit all den gedanken welche uns mehrsilbig verranken

..so oft habe ich mir schon die schönsten worte zurecht gerichtet und schlussendlich erst wieder darauf verzichtet wie oft uns beide in träume gehüllt und wie oft auch die leere mit glück gefüllt denn alles was ich habe ist die kleine gabe dir mit meinem herzen zu sagen was liebende immer nur vertraut wagen

..wenn die ehrlichkeit über alle ufer tritt und wir uns zu zweit umarmend alleine stehen weiß ich wie schön es ist mit dir an meiner seite meinen weg zu gehen da ich unendlich sein kann mit dir bis ans ende von anfang an

..ich hege die hoffnung dass viele menschen endlich die augen öffnen um endlich die realität wahrzunehmen denn nicht alles ist social media und schon gar nicht bereitbar auf dem bunten einhorn auch wenn die fantasie dahingehend so schön und wohlig warm doch die lüge ist schlussendlich auch nur ein selbstbetrug

..so oft und doch ging es bergauf und wieder zurück in ein loch das mit pickel und seil erklimmbar und oben angekommen die luft so klar dass jeglich vergangenheit nur noch so hieß da sich mit klarem verstand mein herz endlich wieder fühlen ließ

..du hast mich mit jeder deiner silben in unseren nachrichten berührt und manch gedanke hat mich sogar so weit entführt dass ich dich am liebsten in den sozialen netzwerken für ein spielchen verknotet hätte

---

..woher komme ich und wohin werde ich gehen und manchmal kann ich den weg nicht verstehen der noch vor mir liegt doch wenn ich nach hinten blicke weiß ich genau warum wohin welcher schritt gesetzt den ungehetzt bin ich am zenit mit jedem neuen tag

..irgendwann kommt die zeit in der man aus welchem grund auch immer an seine grenzen stößt und dann kommen diese fragen des sinnes dahinter und noch mehr fragen wie man über diese grenze gelangen könnte doch ausschließlich die ruhe vor dem sturm reißt zäune nieder

..von angesicht zu angesicht und lass mal dein schwert stecken bevor du es mir durch mein herz bohrst in all der nähe die wir genießen wenn wir uns umarmend im freifall gehend und doch verankert jeder für sich mit den wurzeln des anderen wenn wir eigenständig agieren von angesicht zu angesicht und doch mag ich meine bitte widerrufen denn bitte zieh dein schwert oder benutze deinen dolch wenn immer du magst da ich dir restlos und von herzen vertraue dass du mit gezogener klinge mich lediglich verteidigst

..ich spüre noch jedes wort von dir als wir das letzte mal miteinander sprachen und du weißt meine worte stecken noch immer in meinem rachen da du mir weder raum noch zeit dafür gabst doch du dich weiter darin labst so herzhaft und empathisch zu sein doch ich weiß meine worte werden noch gesprochen werden auch wenn jede silbe von dir mich geschnitten hat wie scherben doch ich bin nicht daran verreckt und das gibt mir weiter mut weiter raus zu kommen aus meinem versteck

..irgendwann habe ich mir gedacht für was und wen schreibe ich überhaupt all diese silben und dann kam irgendwann die zeit in der ich gedacht habe ich müsste schreiben wie es andere zu lesen lieben doch kurz darauf kam der gedanke der bis heute tief in meinem herzen geborgen liebt denn ganz egal was ich schreibe ich tue es ausschließlich für mich

..wenn du dir immer wieder fragen stellst und alles dunkel statt erhellt dein dasein in der umgebung und dein weg nur noch wandelnd statt suchend weil du abhängig in all deiner zeit die noch nicht bereit für all dein du in dir dann lass mal ab vom fragen stellen und lebe

..wenn ich dich in meine arme nehme und dich nie wieder los lasse oder gar von den starken jungs beschütze die dir immer wieder auf die pelle rücken weil sie glauben du wärst wie viele andere leicht zu haben und träume nicht davon dass ich dich je über die schwelle tragen werde mit verliebten augen und all dem romatischen zeugs in deiner fantasie denn du brauchst nicht davon zu träumen weil es längst real

..hey baby lass uns doch einfach mal chillen und dann wenn wir endlich zur ruhe kommen die welt verbiegen und neben all den bomben und granaten unser herz fühlen in dieser zeit die es bedarf genossen zu werden auch wenn wir wissen was auf uns zukommt wenn der westliche terror im osten schluss folglich wieder in den westen zieht so wie es seit menschen gedenken schon immer war doch ausschließich wahr ist das wir in uns und folglich auch die kunst dies zu schätzen und unseren mehrwert aus all dem glück in diesem scheinbaren frieden zu leben mit einem lächeln nach außen zu geben denn was wäre der griesgramm ohne des traurigen anfangs und so baby lass uns doch einfach mal chillen denn ich werde niemals dafür bereit sein mich für die welt zu killen

..und wieder stellt sich die frage was wahr oder doch nicht und ich scheitere daran dies in meiner gedicht zu vermerken denn es zählen schlussendlich doch alle stärken die ein mensch zu tage trägt auch wenn er sich den eigenen ast unter dem arsch wegsägt was weder föderlich noch angenehm auch wenn der betrachter womöglich sich die bauchmuskeln krumm lachen könnte liegt doch der sinn in der hinterfragung was wahr oder doch nicht

..gestern abend hast du dich noch gefragt wohin das alles führen soll wenn all die angst und all der groll durch deine adern ziehen und durch all das verbiegen bist du schlussendlich an den punkt gelangt der alles von dir abverlangt und blauäugig hast du dich ins bett gelegt mit dem wunsch einfach einmal schlafen zu können doch anstatt dir das zu gönnen hast du dich selbst wieder in all deinen gedanken missbraucht und gegen mitternacht hast du deine seele vergewaltigt in die ecke geschmissen und beschlossen wieder so zu tun wie alle wollen doch schon am morgen kam das grollen zurück und hat dich einvernahmt mit all dem laster der letzten nacht und völlig unsacht doch ganz bewusst viel der entschluss doch anders zu gehen um dir aus dem keller einen strick zu holen

..und es war nur ein einziger blickkontakt der dafür ausgereicht hatte das eine unendliche geschichte begann mit kurzen worten und nahem tanz doch ausschließlich mit begierde ob fern oder nah denn so geschieht dieser innige tanz auf wolken wenn sich zwei menschen federleicht vereinen und gedankenschwer trennen bis zum nächsten gewitter das alle gefühle in extase auf den waldboden bringt

..wenn ich registriere dass du gar nicht da bist obwohl du mich vermisst und ich dich doch auch nicht und doch schon ganz egal ob lob oder hohn in anbetracht der tatsache dass ich lache wenn ich an dich denke doch dann verrenke ich mir wieder nur mein herz im takt wenn dieses das deine packt und unangehalten gestalten wir im universum laut und stumm unsere traumwelt welche mein ich erhellt wenn ich bloß registriere dass ich friere weil du nicht da

..ich weiß es nicht wie ich es all die zeit ertragen konnte mit all dem schmerz in meiner seele die sich doch nur sehnend nach frieden doch du hast den krieg in mein universum gebracht und selbst nach meiner weißen flagge weiter mit all deinen waffen gegen mich gekämpft wenn wohl ich dich doch nur einmal umarmen wollte sodass du spüren könntest wer ich bin

..na klar weiß ich wie laut mein herz schreit wenn ich weiß wie weit du doch weg von all der realität des seins und doch hege ich die hoffnung irgendwann dieses schreien nicht mehr in mir zu unterdrücken sondern frei zu lassen in diese welt und du es hören kannst ganz egal wo du auf diesem planeten gerade bist

..und dann berührt dich ein gedanke und verführt dich in eine galaxie die ungeahnt deine tore in dir öffnet und plötzlich fühlst du diese leichtigkeit die dir scheinbar flügel auf den rücken schnallt und mit jedem flügelschlag schlägst du mehr und mehr wurzeln in dir selbst die selbst nach dem ende jenes gedanken dich weiter und weiter nähren

..in allem ich bin ich mehr als ich in mir wenn alles ausser mir mein ich streichelnd mich sein lässt und mein ich in mir gänzlich ich sein kann was weder realität in mir oder dir wenn ich dich haltend doch ausser mir und mehr noch in dir mein ich verweilend im sein der ichs unserer beiden seelen die verschmelzend von dir zu mir und mir zu dir in mein ich

..poesie ist der herzschlag der seele und liebend gern fühle dich berührt wenn ich dich damit quäle mit ausschließlich deinen eigenen emotionen aus all dem raum zwischen den zeilen die deine seele findet und sich alles in jeder faser deines körpers ausbreitet wenn dich poesie berührt oder verführt in jeder silbe hier in deinem eigenen gespür

..wenn das kopfsteinpflaster zum herzleinlaster wird und mit jedem atemzug alles anders bekannt in deiner hand und doch so fern in meinen augen da ich nur durch dich sehe und meinerseits hier blind wandelt da ich halb bei dir und halb nur hier geteilt in der vereinigung

..wenn ich am schreiben bin weiß ich dass ich vergänglich bin und irgendwann nicht mehr sein werde doch meine worte werden für die ewigkeit bleiben was doch auch scheiß egal ist denn in allem ich bin ich mich am erfinden und so ist jeder silbe klang wie ein wort meiner ahnen und mit all der zeit vergehen werde ich im jetzt bestehen und alles andere bleibt offen

---

..jeder von uns beiden ist so individuell mit all den macken und zacken die wenn wir nicht darauf acht geben verletzen oder den anderen hetzen doch finden wir uns wieder in der mitte können wir es nicht verneinen wenn wir uns für die ewigkeit vereinen

..wenn ich doch nur ein wort für dich finden könnte in all dem gewirr an silben dass mich scheinbar bedeckt wenn du nur schweigend mir gegenüber sitzt und ich in deinem blick tauchend mich am anderen ende der galaxie wiederfinde mit allem du und allem ich welches sich verschmolzen verewigt bis zur vollkommenisierung in jedem augenblick

..verwirrt zerstört und doch so betört wenn dein antlitz mein augenlicht bricht und in verschwommenen silben fühle ich das gewühle des deinen atems der durch meine glieder zieht und in deinem amulett gefangen wie deine haare an den wangen die der wind nur einen augenblick später nach hinten weht bis mein herz versteht warum ich verwirrt zerstört von dir betört

..aufwachsen und aufwachen mit jedem tag mehr in all dem lauten gewirr das sich durch all der meinungen mit lautem geklirr in uns breit macht und entgegen sacht schlägt es auf uns ein doch lange vor unserem ersten atemzug liegt alles in uns verborgen und in diesem leben in dem wir tag für tag alles geben steckt dies funken licht der strahlt und sich in all den regenbogenfarben bricht und sich bloß nach frieden sehnt wenn deine seele dein leben berührend erwähnt

..unabdingbar wenn worte fallen wie baumstämme bei einem orkan und du mit jeder silbe die du weiter wagst zu mir zu sagen keine abhilfe schaffst oder mich gar schützend in die arme nimmst da du das unwetter in mir das mich berührt und weit über meine grenzen bringt in jedem unabdingbaren moment wenn du mein herz in der hand hältst und ich nur darauf hoffe dass du nicht den stecker ziehst

..kann es sein dass ich dein herz spüre wenn ich dich im gedanken berühre auch wenn wir so weit entfernt und der tage nächte nur noch antlitz der galaxie in unserer beider umlaufbahn während du mein fließend blut in den bahnen und ich das deine mit jedem atemzug mit dem ich dich einatme

..glaub mir doch wenn ich zu dir sage dass du mich nicht erreichen kannst und auch wenn dein flehen bei einem ohr eindringt und beim anderen mein ich wieder verlässt bin ich dennoch da auch wenn doch ein bisschen unnahbar aber genau darum bin ich so oft stumm und bitte zwing mich nicht mit deiner lautstärke dass ich mit dir ringe oder von der klippe springe denn solange ich mich nicht hören kann werde ich dich nicht fühlen können

..wir sprechen in silben und träumen zwischen den zeilen mit all unserer esperanto sprache die nur wir beide verstehen denn wenn du atmest springt mein herz und wenn du lächelst fühl ich dein blut dass in meinen adern vibriert und dann komme ich zur ruhe wenn du deine augen schließt und sich nur noch unsere herzen unterhalten in all den momenten meiner dankbarkeit dass es dich gibt

..du kannst alles von mir haben und dich vielleicht sogar in meiner nähe laben doch geht es um meine seele kannst du mich nackt ausgezogen vor dir sitzen haben und doch wirst du sie niemals zu betracht bekommen

..was solls wenn ich mir denke und mit all der zeit auch mein hirn verrenke wenn du doch anders tickst und nichts mehr so ist wie es mal war wenn du in meine augen blickst da du für dich entschieden einen anderen weg zu gehen und auch wenn es schmerzt kann ich es verstehen auch wenn ich nicht will doch eine beziehung heißt nicht sperren und darum mag ich dir niemals deine freiheit verwehren da auch wenn mein herz gebrochen ich weiß dass du wieder schweben kannst

..ich will nur dass du weißt welch wunder in dir steckt auch wenn die ganze welt in deinem herzen aneckt und sich auch manchmal versteckt da es viel zu laut für diese welt die durch dein sein erhellt und wenn du all deiner melancholie verfällst und dich mit all dem schwermut quälst dann atme ein und lass die welt nur für einen augenblick einfach mal sein denn du bist auch wenn du so oft vergisst ein einziges wunder im sein

..wenn nur eine silbe alles beschreibt und alles andere beinhaltend bleibt da es mehr nicht mehr gibt während sich durch dies silbe alles verschiebt alles vereint und tragend hebt während man verwurzelnd schwebt während die ganze welt im hier durch dies wort und silbe „wir"

..hey du jeden tag schlafe ich in deinen armen ein und des morgens wach ich darin auf und täglich nehme ich diesen kampf in kauf dass du doch gar nicht hier weil du nur existierst in meinem gespür in meinen gedanken die sich verranken die sich klammern an all der schönheit leichtigkeit die sich durch gedanken an dich befreit und dann wird es endlich wieder nacht und ich leg mich ganz sacht in deine arme wohl behütet atme ein und schlafe wohl bedacht ganz sacht bis ich des morgens wieder erwach mit dir

..wenn dein blick vor furcht erstarrt und dich eine hand hält die dich hart an deinen verstand bringt weil du nur mit gedanken ringst die sich alles bloß vorstellend und nichts real ausser dieser furcht in deinen augen auch wenn du liebe fühlst da du angst vor dir selbst ohne dass dich jemand hält doch unverschämt projizierst du alles auf dein umfeld bis einer fällt und erst dann ja dann wirst du lächeln und vor glück überschäumend dich am boden krümmen weil du nicht weißt nichts von dir weißt

..was rührt dich zu tränen und was lässt dein strahlen leuchten wenn du tag täglich einfach bist in all deiner realität die du so oft vergisst weil du egal ob mit tränen oder lachen alles immer am tun weit über deine grenzen und nicht mehr erkennst was du immer ergänzt da all dein ich mit allen menschen rund um dich ausschließlich reich durch dein sein und ich wünsche dir dies wissen holt dich bald einmal ein

..wann hast du das letzte mal dein herz bis zum hals schlagen hören mit all den emotionen die dich in die schranken weisen oder auch einfach beflügeln und egal wie lange es her ist schließe die augen und atme tief durch und breite die arme denn du hast es überlebt

..ich schreibe nur zeilen die ich aus worten bau und ab und an emotionen aus deinem herzen klau und alles nur um klar zu sagen nimm dich wahr und sei am wagen dass du alles bist und alles kannst denn du stehst in mitten nicht am anfang sondern bist in dir dies wunderbar melodisch klang der alle sphären kann bedecken darum bitte lies hier deine emotion und sei dich niemals am verstecken

..nehme an was dir gegeben und lege ab was dich stört denn alles was du bist wird draußen gehört in den ohren der menschen um dich die dich nehmen mit allem oder sie lassen dich im stich

..mit dieser verzaubernden leichtigkeit kann ich diese zeilen schreiben da ich behaftet von glück das mich umgibt da ich bin und auf menschen treffe die mich unendlich bereichern und mit jeder silbe austausch wohlempfinden schenken das ganz tief in meinem herzen fuß fassen kann da ich es liebe im austausch zu wachsen und schlussendlich mit meinen breitenden schwingen anheben kann um mit einem schmunzeln und meiner zarten feder diesen moment umarme und atme und bin mit all der leichtigkeit die mich durch dich jeden moment verzaubert

..in all der melancholie eines jeden lächelns steckt auch die traurigkeit all der zeit des lebens mit der bestätigung das egal was passiert dein leben sich auf jeden tag freut

..immer wieder auf der suche nach den richtigen antworten auf nie gestellte fragen und ich bin am wagen dass sich da etwas ändern muss denn damit ist jetzt ein für alle mal schluss da ich bin und nicht nur in sondern auch ausser mir mit all meinem gespür denn ich pack jetzt meine welt an ihren wurzeln und weiß dass all meine planetensysteme erhellt mich gegleiten und ich wie superwoman in die zukunft blicke da ich endlich wieder den mut gefunden hab an mich zu glauben und mit zuversicht jeden tag zu meistern

..ich drehe mich und verstehe mich bitte nicht falsch ab von dir und wieder zu mir da das tägliche richten und vergebene schlichten nur mühe für nix und es bleibt dennoch fix dass ich ausschließlich in mir mich und dich spüre mit all dem uns in all unserer gemeinsamen kunst des lebens

..ich spüre meine wurzeln wie sie mich nähren und weiter einhalt gewähren in all dem was ich bin das sich sehnt und dehnt in anbetracht allem sacht und stürmisch machen sich meine gedanken auf den weg weil ich gedanken an dich heg und fühl in all dem farbengewühl das du entfacht in meinem wurzelwerk unbedacht dass es so etwas überhaupt gibt da ich dies farben lieb

..du bist so bezaubernd bunt in allem was du nach außen zeigst und doch kann ich keinen schritt mehr neben dir wandeln denn ich bin wohl der einzige der neben deinem angeblichen ich tanze auf dem regenbogen leben diese traurigkeit tief in deinem herzen sieht und spürt denn nicht einmal du weißt um dich bescheid

..du ja genau du musst schon ein wenig irre sein wenn du dich hier rumtreibst liest und dir gedanken machst doch ganz ehrlich ich mag irre menschen wie dich mit all deinem sein und deiner anwesenheit zwischen meinen zeilen

..mit jeder silbe jedem wort triffst du mein herz und weil ich durchaus hart an der schale erschütterst du meinen weichen kern der oftmals in seine einzelteile zerbricht und mit jedem weiteren wort von dir sticht ein jeder splitter tief in mir der mir den atem nimmt und all die schmetterlinge in der magengegend wieder neu zum leben erweckt da dies zarte schmerz so voller liebe steckt wenn du nur eine silbe zu mir sprichst

..wenn du dein kind in deinem herzen wieder erkennst wirst du es vollbringen aus vielem grau wieder ein strahlend buntes leben zu kreieren

..wieder mal am tisch sitzen und einfach nichts tun einfach nur die menschen betrachten und nichts tun einfach nur dasitzen schauen und fühlen einfach nur schauen und sein und all das was rund um mich passiert wahrnehmen betrachten und annehmen um zu sehen was los ist in der welt und wie sich die menschen verhalten und ihr sein gestalten während ich einfach nur sitze und nichts tue

..schau ich so aus als würde ich den kopf hängen lassen wenn die welt um mich mit regen prasselt und der donner durch meine blütenblätter rasselt nur weil mein kopf ein wenig geneigt doch ich schütze lediglich das wertvollste auf erden denn würde wasser in mein haupt dringen wären alle gedankensamen verdorben

..wenn ich rede oder schweig weiß ich doch dass ich bleib und nicht geh nur weil ich nicht versteh was du alles in meinem leben bist weil auch du so schön vergisst was ich für dich bin wenn wir sind und strebend nach sinn uns andauernd fragen was es ist was uns über die köpfe wächst doch wir vergessen dass uns über den wolken der realität gar nichts bewachsen kann denn wir sind unendlich am fliegen und schweben und sind uns unendlich am geben weil wir uns gefunden in all den runden der zeit die sich scheinbar still verhält und in anbetracht sonne auch gar nicht quält denn ich weiß wie du dass es nichts besseres gibt als dich in der verbindung mit mir und umgekehrt weil ich es bin der dich verehrt mit all dem du an dir und all dem sein dass so übermächtig und schön dass ich es uns gönne wenn wir einfach sind in all der nachdenklichkeit weil es uns weiter bringt als dieser stillstand der niemals von der hand geht und dieses verspielt sein wie ein kind wenn wir füreinander einsam in all der glücklichkeit des lebens

..du blickst und liest und fühlst und denkst du bist auch wenn du manchmal vergisst dass alles was du an zeilen worten silben liest bereits lange in dir und mir denn wie sonst wären wir verbunden in all der harmonie der gleichgesinntheit wenn du blickst und fühlst denkst und liest du einfach bist ohne dass mein ich auf dich vergisst

..der zahn der zeit nagt an deinen gelenken und dein kopf scheint sich zu verrenken wenn du die last deiner schultern betrachtest und scheinbar nicht mehr auf dich achtest da in dir dies verletzte prinzessin gefangen auf dem hohen turm wohnt und sich nur in der einsamkeit ihrer gedanken sonnt und du mit all der last auf deinen schultern scheinbar in die knie gezwungen weil dir der rucksack deiner vergangenheit alles kraft abgerungen so suchst du nach dem ausweg und ich kann dir nur sagen lerne zu wagen und den ersten schritt zu setzen ohne furcht und hetzen mit nur einem augenblick ohne dem balken auf deiner schulter mit nur einem moment du denn du kannst sein ohne geknebelt am boden zu kauern und lass dir sagen dort unten lauern all die gefahren des lebens darum erhebe dich und lass dich selbst nicht im stich

..damals am straßenrand fand ich ne feder deren herkunft unbekannt doch nahm ich an dies geschenk aus luft'gen höhen und hielt es fest hindurch den böen die das leben oft so schrieb bis dies feder nur noch in meinen gedanken blieb da sie längst in wirklichkeit verschwunden sich mein leben auch gewunden und gewendet hat sich auch mein lebensblatt seit diesem einen tag da dies feder still und heimlich sich auf meinen rücken hat geschlichen um dort zu formen was all der menschennormen widerspruch mein flügelwerk aus dessen feder ich hier schreib

..und wie lange habe ich mich schon nicht mehr in die u·bahn gesetzt und einfach mal laut um mich geschrien und wie lange habe ich mich schon nicht mehr nackt in einem kaffeehaus ausgezogen um ein bisschen freier zu sein bei meinem genuss meines kaffees und wann war ich das letzte mal auf der attikaverkleidung des höchsten gebäudes in meiner umgebung um meinen füßen mal wieder freie luft zu bieten und warum habe ich noch nie in einer kirche vom weihwasser gesoffen und aus welchem grund bin ich überhaupt ich wenn ich doch auch jemand anderes sein könnte und du du runzelst jetzt die stirn und trotzdem bin ich ich und ich bin stolz drauf

..na dann komm doch her und zeig dich mir und rede nicht nur davon was du tun würdest in all dem sein mit mir und um mich denn worte sind doch bloß die ausdrucksweise der scheinbaren realität und du fragst dich warum ich dir schreibe und ich mich gerade auch

..du kannst mich berühren und doch nicht begreifen wenn du mich fasst oder stumm an mir vorbei hasst wenn du dieser hast folgst und auf die rast in deiner seele vergisst weil dein ich nur dich kennt und sich in einer scheinbaren illusion verrennt die du heißt

---

..setz dich und lass dich kurz mit einem gedanken benetzen der schon lange in deinem kopf schon lange teil deines lebens und vielleicht noch mehr als unsere vorstellungskraft je zu erträumen wagt in all dem sein im leben das du bist samt der erfahrungen die bände an bücher füllen würden die weder les noch gedanklich nachvollziehbar denn du bist alles an dir in dir und mit dir und niemand und schon gar nicht ich brauche deine gedanken benetzen

..kennst du das gefühl wenn du jemandem gegenüber stehst der dir tief in deinem herzen und deiner seele schmerz zugeführt hat und in dir diese traurigkeit wieder keimt und die wut zum druckkochtopf wird dann mag ich nicht in deiner haut stecken denn ich stecke ja in meiner doch der gedanke der traurigkeit den nährboden zu entziehen und dem druckkochtopf den druck zu nehmen kann ausschließlich mit liebe funktionieren frei nach dem motte umarme deine größten feinde

..ich bin mein schüler in mir und bin auf der suche nach dir weil ich weiß was mich trägt und mich lehrt und wie habe ich alles geehrt doch ich bin weg von der welt und meine schwingen tragen mich in das tal der selbsterkenntnis in all der einsamkeit unter menschenmassen und in all der gemeinschaft einfach mit mir allein und ich bin doch bloß schüler meiner selbst das jeder feder silbe eine metapher für das leben an sich und meiner suche nach dem sein das die leichtigkeit besiegelt mit dem goldenen schwur weil es nicht gesagt werden muss und unausgesprochen still in die welt geschrieben wird weil ich schüler meiner selbst auf der suche nach dir da ich die verehrung geehrt und mich fälschlich daran orientiert und lernen musste dass selbst die bewunderung schon neid an sich trägt doch ich verrate nichts von meiner weisheit die in mir zum sprachrohr wird da jeder von euch da draußen ja genau jeder von euch und auch du diese weisheit in dir trägst darum sind wir schüler unserer selbst die nichts anderes machen als leben und leben wollen

..ich wünsche dir beileid wenn wohl der ausdruck wenn ich genau am denken doch falsch denn was bedeutet beileid an sich wenn ich mal das wort zerlege und den gedanken hege dass ich leide wenn ich bei etwas bin und wenn ich bei dir bin und leide dann kann ich doch nicht mehr liebe geben oder kraft oder hoffnung denn leid ist etwas fundamentales und überschattet doch alles andere und warum wünscht man sich dann beileid indem man sich selbst zum opfer macht und frei nach dem glauben mit einer der prägensten aussagen in form von meine schuld meine tiefe schuld werde ich zum opfer selbst wenn ich nur mitspreche und nicht mitdenke doch ich verschenke so viel kraft in diesem alltäglichen mantra der gesellschaft und darum werde ich ausschließlich leiden wenn ich leide und nicht mit dir beileid haben

..auf die andauernde frage was der sinn des lebens ist werde ich fast blind vor lauter denken und dem leisen schweigen wenn ich mich entsinne dass ich doch nur spinne wenn ich darüber denke und mir das hirn verrenke wenn doch in anbetracht leben mit all dem nehmen und geben schon der sinn vorhanden doch abhanden gekommen wohl die sinnhaftigkeit der frage an sich wenn wohl sie sinnbildlich das universum in uns

..wie ich mich nach dieser ruhe sehne in meinem kopf der immerfort am denken und oftmals zeit verschenken die nicht wieder kommt doch prompt sind da wieder gedanken die sich drehen im verstehen und gehen im wandeln und gleiten wenn ich mit ein bisschen zeit einfach bin und rucklinks rechtsvor und im hopserschritt springend und tanzend am leben weil ich denke

..und wieder fühle ich mich gefangen in deinen blicken die mich vor langer zeit noch willig ausgezogen haben ohne meine widersprüche doch jetzt und hier lass es sein denn du hast wohl vergessen dass die zeit sich geändert hat und mit ihr auch ich darum wird dir nicht gefallen was dein blick unter meiner fassade sehen wird und wenn du meiner warnung nicht folge leisten magst dann lass ich es ganz bei dir aber das was du gekannt hast wirst du nicht mehr finden denn dein blick wird auf ein herz treffen das frei und glücklich ist

..wieder und wieder hör ich dieses summen im ohr das mich begleitet und teilweise führt das mich daran erinnert was und wer ich bin und dann zaubert es dieses mir selbst wohltuende lächeln auf die lippen und ich kann meine arme breiten tief einatmen und die welt als krieger des lichts umarmen

..viele sekunden sind vergangen die zu meinem leben wurden und heut noch mehr als alle tage hinterlässt du spuren die so schön und wahr so wunderbar und klar dass ich keine sekunde jemals bereu doch wusste ich schon damals dir gegenüber sprechen und der worte klang erfinden liegt mir scheu am herzen und oftmals bleib ich stumm weil alles was ich habe in dieser kleinen gabe meines schreibens und mit worten spielen sich verliert in deinem antlitz sonnt sich nur mein augenblick und meine sprache wie gedanken frei von der hand sind unbekannt darum musste ich für meinen weg wohl frei erfinden meine frage für das dich an mich binden und so war der einzig weg ein büchlein klein und fein das ich dir damals in die hand gelegt mit skizzen die im daumenkino laufen lernten wenn wohl ein maler nie an mir verloren doch war der sinn weder des malens noch der schönheit willen sondern bloß der worte wegen die ich nicht sprechen konnte weil ich mich in dir sonnte wie noch immer sonne denn alles was wir beide sind ist glück ein zauber und ne wonne

..ausschließlich das was jeder sieht bin ich längst nicht und war ich nie denn noch bevor ich war war ich schon mehr als alles und als ich dann war bin ich geworden unbedacht beeinflusst bis ich denken lernte und noch viel mehr war als nur sichtbar viel mehr als lediglich im sein und dann habe ich erfahren zu erahnen was alles mit sich bringt wenn man ist und habe erkannt was mich zu dem gemacht hat was ich bin und wie ich mich sehe worin ich mich wohl fühle und jetzt stehe ich da und schau ganz bewusst auf alles in meinen schatten meines lebens denn ich bin alles und noch viel mehr als nur die schatten meiner vergangenheit aber auch wenn jeder dies schatten mit sich trägt heißt es frieden schließen und immer richtung sonne blicken denn nur dann fallen die schatten weit hinter einen

..führe mich berühre mich und sei doch einfach da wenn ich dir nah oder fern denn ich hab dich gern an meiner hand die anerkannt die deine mag die herzlich von dir zu mir mit allem uns in all der kunst des seins im führen berühren im schreien vor liebe die uns erfüllt

..und ich frage mich in all dem hin und her in all dem breit und quer in unserem denken das sich immer am verrenken das immer am achten mit groben und sachten tönen am randalieren oder verwöhnen ob der liebe tatbestand so greifbar in der nah wenn die ferne auf die seele steigt indem der horizont sich leis verneigt ob alles was wir niemals fassen lieben oder lassen oder doch berühren wenn uns menschen mit dem herz berühren dass tief verborgen meist offen liegt geborgen angreifbar und letztlich auch verletzlich wenn niemand es zu sehen mag jeglich schlag für schlag der pochend in der brust scheinbar fusion oder ist die liebe doch nur illusion

..dieses staunen und kleine raunen dass durch meinen körper zieht wenn ich dich einfach mal um die ecke erblicke und nicht mehr weiß wie ich in meinem kopf ticke der scheinbar nur topf wenn du der deckel wärst und mich begehrst mit allen sinnen doch ich mag wohl schon wieder spinnen wenn ich mit vorsicht bedacht gedanken baue wenn ich um deine ecke schaue

..heute schreibe ich nur für dich und dein wesen an mensch das mich bereichert wie nichts anderes weil du standhaft und mit dieser hartnäckigkeit dein sein manifestierst und selbst der kleinste augenblick einer ungewissheit von deiner persönlichkeit klar gedeutet wird und wenn man das kapiert bleibt es herzhaft wie immer wenn ich auch weiß du kannst noch viel schlimmer wenn man dich in schranken weißt und du dich in den polster in der ecke verbeißt bis deine gedanken zum gut rund um dich getragen und du bist am wagen und über so vielem zu ragen auch wenn du noch nicht einmal weißt was potenzial heißt noch bedeutet doch deinen zweiten vornamen trägst du als charakterzug tief in deinem herzen und ich wünsche dir für den rest deines lebens dass dies eigenschaften niemals klein gemacht werden niemals in frage gestellt werden auch wenn ich manchmal die frage stelle wie warum und woher denn ich liebe dich aus tiefstem herzen da du ein teil von mir

..gib mir stift und papier und ich texte dich zu wie andere dich vielleicht betten wollen doch der wahren worte sinn liegt in der wärme aller silben die dich selbst dann mit wärme füllen wenn du im eiswasser schwimmst

..mal wieder am schauen und genießen wenn gedanken aus den synapsen sprießen und durch die menschen rund um mich niemals die nahrung fehlt da jeder augenblick am bereichernd gießen in all der zeit die sich dehnt und sehnt und dreht wenn man versteht was nicht zu begreifen wenn synapsensprünge reifen wie über klippen springen mit sich selber ringen und doch nur ruhen wenn sie tun und sind von anbeginn kind das in mir wandelt verhandelt und mit dem leben geht bloß wenn ich am schauen und genießen

..wortloses schreien ohne jeglich lautstärke das schweigend doch nur am sein und lauter als alles wenn das herz nach hilfe ruft in anbetracht des befalles der rhythmusstörenden gedankenschaben die sich veräußernd lediglich an mir und meiner selbst laben

..es ist gerade einmal ein paar minuten her doch ich kann mich nicht mehr erinnern was seither alles passiert ist denn du hast mich mit deiner silhouette verzaubert und dein lächeln ist nun mein herzschlag der durch meine adern pulsiert dein antlitz mein augenlicht und dein hand in meiner mein atemzug

..und dann heb ich an völlig frei sorgenlos und vielleicht sogar mit dieser leichten arroganz etwas famos wenn ich einfach mal wieder bei einem kaffee sitzend die sonne genieße die ich in meinem herzen immer scheinen ließe wenn von aussen nicht wolken kommen doch vernommen bin ich meiner eigenen gedanken herr und tja leider leg auch ich mich mir gegenüber quer was wenig dienlich doch besinnlich mag ich den zustand des atmens und der freien blicke wenn ich mich sorgenlos durch meine gedanken klicke und stets mit „i like" bestätige denn jeder einzelne hat mich zu dem gemacht was ich heute hier stehend erhebend schwebend oder fallend bin

..du bist doch bescheuert und tickst nicht ganz richtig hör ich mich immer wieder über dich meckern und mit jedem atemzug meiner gedankenpause keimt der wille in meinem herzen dich noch bescheuerter zu finden und ganz ehrlich finde ich dich richtig attraktiv wie falsch du tickst denn dafür lieb ich dich absolut irre

..draußen in der natur bin ich die erde die meine wurzeln nährt und im gedanken gefangen wünsche ich mir den wind der sie frei fliegend fort trägt damit ich über das wasser laufen kann um für die liebe zu brennen

..du glaubst du hast spuren hinterlassen in all der zeit deines fassens doch du hast mich doch gar nicht berührt vielleicht ein wenig verführt und wenn du glaubst mein haar trägt sich täglich so locker dann hoff ich du sitzt gut auf deinem egohocker denn dazu braucht es nicht viel und ja ich weiß dir gefiel all das was war und ist doch du vergisst dass du mich nie erfasst und das klingt jetzt keineswegs gehasst sondern vielmehr dankbar denn durch dich in dir weiß ich wieder mehr von mir und sage dir du hast keine spuren hinterlassen in all der zeit deines fassens denn du hast nicht gecheckt dass das leben nur aneckt wenn man sich nicht versteckt sondern sich mal wagt weit aus dem fenster zu lehnen denn ich hätte mir gewünscht du würdest dich nach mir sehnen indem du mein herz berührst mich verrührst doch du bist gegangen und ich bin am anfangen dass es lediglich richtig und absolut wichtig denn jeder der mein herz nicht fassen kann wird niemals sehen was ich bin

..wo ward mein augenlicht als ich nur stäbe sah die vielmals viel zu nah und erschaffen aus der regel werke an gesetzen und den schriften da jeder silbe ton ein mahnmal gesetzt in form von raum und pfahl die sich windend in der artikulation und überschleiernd wohl mein augenlicht das weiter suchend und dem glücke buchend fortan nicht der stäbe fokus sondern all dem raum dazwischen

---

..der sonne glanz stärk mein sein und sollten regentropfen niederprasseln fallen sie stets auf mein erhobenes haupt das voller stolz am leben mit all dem nehmen und geben mit all dem ich in mir und hiermit auch mal danke dir da du mich bereicherst in dem was ich bin fortlaufend auf der suche nach dem sinn der hinter all dem steht was mich bewegt auf meinen pfaden und wegen die ich am gehen und laufen am rasten und ruhn kann ich sein und tun kann ich mich breitend ranken in all dem was ich für mich das leben nenn

..dieser schmerz breitet sich aus und geht weiter unter die haut bis er an den knochen nagt und in den eingeweiden wühlt und dann kommt kotzen und erleichterung und dies moment des verstehens des schönen des annehmens des augeblickes in der dankbarkeit des seins im erheben und beben wenn man nicht vergeht wenn der wind vom sturm bis zum lauen lüftchen weht und alles ist und man niemals vergisst was von kopf bis fuß und hand zu hand wieder erlangt dies sehnlichst stillstand in der erleichterung mit neuem schwung und dies beben zum erheben ähnlich wie der erste flügelschlag

..zerrissen hab ich all deine briefe die mich mit jedem satz und jeder silbe verschlissen in meinem denken in meinem sein weil du gefordert nach etwas das ich nicht sein kann und niemals will und darum hier meine botschaft von mir an dich mit den worten schreib mir keine briefe mehr denn ich leg mich quer und lang vom ende bis hin zum neuanfang der unausgeschlossen da tränen versiegen wenn wohl zu viel vergossen lieg ich im konfettiregen deiner briefeschnipsel

..wenn ich einfach bin und meine gedanken um die ecke strecke dann kann ich sein und die vergangenheit holt mich nicht ein da ich bin im hier und jetzt ungehetzt vielleicht ausser atem doch schnell genug um zu bleiben mir mich einzuverleiben und gänzlich zu genießen mit all dem was ich an lächeln zu bieten habe da ich die gabe mich im verrenken neu zu erschaffen und zu erdenken mit allem jetzt wenn ich einfach bin

..wenn ich es nur einmal wage auf meine vergangenheit zu blicken sehe ich dunkle wolken die den fokus wind verloren haben um weiter voran zu treiben und verloren in dieser endlosigkeit einfach sind mit all dem was ich bin wenn wohl der sonne glanz mein antlitz spiegelt verfalle ich in dieses melodische summen und pfeifen wenn ich fragend am rande wartend auf erfüllung die nur durch mich allein heraufbeschworen werden kann

---

wir leben, zugzwang, schreien uns die seele aus dem leib in dem wir nach ruhe fordern, ordern massenhaft psychopharmaka für schwierige zeiten, bereiten uns auf das schlimmste vor wenn wir in den spiegel schauen, berauben uns selbst der zeit die wir hätten etwas sinnvolles zu tun, ruhen niemals denn ruhe wäre der tod in einer übermedialisierten welt, geld macht uns süchtig nach mehr und giert die bequemlichkeit anstatt auf das zu schauen was wir haben, laben uns mit essen aus dosen und fertigfressen, essen im gehen, stehen nur still wenn man es befohlen bekommt und selbst dann äußerst ungern weil wir es unbequem heißen, reisen an orte die weit weg von daheim um sich dann dort wie daheim zu fühlen, wühlen in selbstmitleid mit der bereitschaft dafür zu leben, hegen wünsche anerkennung und fordern nach dem ich in jedem, streben nach fernen zielen die möglichst unerreichbar, klar, sonderbar dieses menschsein hier, wir leben, zugzwang

..wer kennt es nicht, wenn der alltag, arbeit, kinder, und alles rund herum uns zu höchstleistungen zwingen und man schlussendlich am abend geschlaucht und genervt auf der couch liegt um sich scheinbar zu erholen und sich wundert warum man am nächsten tag wieder mit dem falschen fuss aus dem bett steigt, wieder in das muster der vortage fällt, der stresshormonspiegel schon kurz nach dem frühstück auf höchststand, dann mag ich eines hier einfach stehen lassen: stresshormone sind nicht couch-löslich denn der einzige weg um diese hormone aus unseren körpern zu bringen heißt bewegung

..woher kommt immer wieder diese melancholie quer beet ein in meiner kleinkarierten philosophie zwischen all den zeilen die sich mit worten beeilen durch des lesens zeit zu folgen wenn doch die wogen oft höher als bereit und scheinbar schwappend sich verebben um nicht aus dem rahmen zu fallen wenn sich überlappend der synapsen gedanken im ranken im sein und frei von der leber sind worte nehmer und geber wenn sie gesprochen oder gedacht doch ich mag nicht immer sacht sondern hart und ja ich trage bart um mich zu schützen oder einfach um ihn zum kraulen zu benützen wenn ich verloren in mir worte geboren die der melancholie entsprungen weil mein lächeln tag für tag der dankbarkeit dient

..viel zu oft schauen wir auf uns selbst und vergleichen und kritisieren oder werden darauf aufmerksam gemacht was alles nicht so passt, doch es zählt das positive in dir und es bedarf keiner kraft um alles daran zu setzen wie andere zu werden, sondern lediglich deine stärken stärker zu machen um noch einzigartiger zu werden

..wenn ich schreibe ist es dieses fließen wenn zeit zu buchstaben wird und der feder führend hand gelenkt durch eine illusion an bilder die scheinbare metaphern bauen in anbetracht der unendlichkeit im jetzt und hier

..es ist gänzlich egal ob du ganz unten zu tode getrübt oder ganz oben beim bäume ausreißen bist wenn du dir bewusst wirst dass jeder tag in deiner hand liegt und du alleine für deinen persönlichen konfetti-regen verantwortlich bist

..erzähle mir eine geschichte über deinen schuh der drückt und ich werde dir zuhören und dich reden lassen doch willst du wissen wie man daran etwas ändern kann werde ich es dir vormachen und mein schuhwerk ablegen um dir zu zeigen wonach du suchen kannst denn einen angezogenen schuh kann man nicht reparieren

..meine gedanken brechen über mich ein und erschlagen mein sein als würden sie mit sprengstoffgürteln behaftet für wirrsinn sorgen in dem sie sich sämtliche realitäten borgen und alltagsgleich ware funkstille im verstand der nichts anderes als dies haltende hand in jenem moment im senieren wenn meine gedanken zum terroristen mutieren

..ich nehme dich an der hand, oder gehe bloß an deiner seite, bin still oder laut, wie du es brauchst, bin sichtbar für dich doch unsichtbar nach aussen, bin einfach da wenn du fragen hast, vor den täglichen fragen vor deinen felsen auf deinem wege stehst, werde versuchen deinen blick zu schärfen, dein umfeld zu betrachten, dich zu beäugen, denn jede frage die du stellen wirst, belegt in wahrheit dein eigenes ich, dein sein, dein du in dir und genau aus diesem grund reiche ich dir meine hand, doch bitte bedenke stets, ich werde dir keine steine aus dem weg räumen und ich werde ehrlich sein, gnadenlos ehrlich um dich wachsen zu sehen, wahrhaftig unsichtbar doch nah, sofern du magst

..versteckt verborgen hinter diesen leuchtenden augen die sorgen vom tag der tage der wochen aus jedem jahr und doch ist alles so klar mit dem fokus auf jetzt ungehetzt verspielt als sie diesen einen moment in gedanken hielt und ihn frei lassend hassend doch für immer halten wäre bloß trug und so steht sie verborgen wissend um ihr sein dass nur sie in der hand hält so lange sie entscheidungen fällt

..du stehst wieder einmal vor dem spiegel fragst dich was alles passiert in deinem leben was alles schief läuft warum die ganze welt gegen dich ist jeder tag mit einem fragezeichen beginnt und in einer katastrophe endet jeder mensch sich gegen dich wendet sobald ein kleines problem auftritt wenn du doch nur für andere lebst dann mag ich dir ans herz legen achte auf dich denn du allein bist das einzige was für dich wirklich zählt

..wie oft hast du mich schon an den rand gestellt und mir gesagt ich habe nichts zu sagen und dürfte mich doch keineswegs beklagen bei all dem was du für mich machst und tust auch wenn du jedes mal weg musst wenn ich dich brauchen würde in all den momenten meiner sehnsucht doch jetzt mal ernsthaft ich komme raus aus dieser sucht nach diesem schneckenhaus deiner abhängigkeit und dann ja dann werde ich frohen herzens diesen ersten schritt vom rand gehen

..ach wie ich mich verlieren könnte wenn die zeit dazu bereit in all den kreisen die doch verschließen wenn ich nur würde ohne dieser hürde mich fortbewegen auf wegen die weniger statt mehr in diesem alltagsverkehr wenn ich mich verlieren könnte in all dem du wenn wir beide uns sehen und gleiche pfade gehen und wandeln ohne zu verhandeln wohin denn darin liegt unser sinn wenn wir uns verlieren im sein

..kannst du dich noch daran erinnern wie du mich prinzessin genannt hast mit all den lieben und netten worten mit denen du mir geschmeichelt und mich gestreichelt hast bis ich erkannte dass du kleines arschloch noch andere prinzessinnen hattest und dich von ihnen hast streicheln lassen während ich auf dich gewartet hab in meinem verlies

..hilf mir in diesem augenblick wenn ich vor dir am boden liege und du mit all deiner liebe mich am aufstehen hinderst und ich am tropfen vor mir auf der fliese zu ertrinken drohe wenn gleich alles meiner lust entspringt

..und wie fühlt es sich an, mich endlich dort zu haben wo du mich immer haben wolltest, in all deinem tun und denken, in all deinen handlungen mich erniedrigend zu boden werfend, bis ich scheinbar in der lacke des selbstmitleides vor dir liege mit deiner sehnsucht, dass ich flehend zu dir hoch schaue und mich dafür entschuldige dass ich bin, doch das werde ich nicht tun, werde mich nicht für mich entschuldigen, ganz egal wie oft ich falle, aber sei dir bewusst, wenn du irgendwann am boden liegst, werde ich dich in deiner lacke ertränken

..da steht sie nun, mit dem blick fokusiert auf alles was nicht mehr ist, wenn ihr herzschlag pulsiert, wenn gleich dies leere in all der fülle, ihr gedankenmeer lässt sie hoffen auf diesen strohhalm, der sie nur dies eine mal rettet, nicht im stiche lässt, sondern schlichtet was war und werden wird, da sie es spürt und fühlen kann — jetzt bin ich mal dran

..just an illusion in my mind to be kind and smart in painting thinking art over and over every thought that caught in my hand in my heart wich be part of my life like an moutain-dive or an ocean-walk in every talk in every moment now

..ich lass mich mal kurz hinter mir und komm zu dir und ich erzähl dir von meiner seele wenn ich dich quäle wenn ich dich in meine gedanken sperr und alles was ist jeglich quer kommt und geht und mich niemand versteht niemand weiß wo ich bin denn es fehlt der sinn obwohl ich schreibe und mich dauernd an der realität reibe bin ich nur ich und vielleicht lasse ich mich im stich aber ich komm zu dir und dann ja dann dann bin ich vielleicht wieder bei mir

..gedankenverloren so klar bei sinnen wie sie all ihre stärke in sanften tönen zeichnet und ausschließlich schwäche zeigt wenn sie geborgen in starken gedanken da sie gelernt zu sein in jeglich unabhängigkeit von all den einflüssen die ihr doch nur weis machen wollten dass ihre größte schwäche ihre stärke ist was weder wahr noch real denn ihre größte stärke ist ihre barmherzige schwäche

..ach wie ich mich denk und lenk in meinen gedanken die sich nach all der fantasie ranken die es in meinem kopfe gibt und alles an realität verschiebt das so klar und weise und trotzdem in meinem kopf bist du keineswegs leise sondern laut denn ich mag es wie du in meinem kopfe bilder baust

..nur ein blick der doch so vieles sagt sich niemals beklagt mit einem lächeln nimmt unerkannt verstimmt auf der suche mit all der vergangenheit zu buche geführt was an zukunft kommen mag wenn tag für tag ein jeder schritt weiter führt auf diesem pfad der tritt für tritt neu zu gehen zu verstehen zu leben mit all dem nehmen und geben mit all dem ist in all der hoffnung dass du nie vergisst dass du allein dein licht dein herz mit oder ohne schmerz doch immer bitte ohne reue sondern leb dies deine lebensfreude

..der inbegriff des denkens kunst wenn die gunst der stunde wohl beraubt des atems munde in jeglich kleingeist denken sich die bahnen lenken sich hinaufbewachsen über all der zeiten achsen die der inbegriff von sehen im dehnen im sein wenn der traume still und heimlich holt die realtität wieder ein wider trug und schein wieder sein wieder träumen denken fliegen sich gedankensynapsenübergreifend verbiegen für das was ich bin an sinn an inbegriff des an dich denkens des dir dankbarkeit schenkens für alles was war im wahr wir ringen mit gedanken und verschlingen informationen von denen wir glauben dass sie uns bereichern doch sie rauben und speichern bloß metaphern von bildern die wir schildern im kaufverhalten und gestalten unser leben in dem wir geben um zu bekommen die produkte die wir benommen inhalieren um später daran an den folgen zu senieren da wir bewusstlos gesteuert überteuert uns hingeben mit unserem leben und all dem was wir besitzen überreizen wir mit geizen und beharren im sparen nicht an geld sondern an leben das uns alle geschenkt doch medial geschickt ausgerenkt sind wir am zweifeln an uns was weiter wieder kunst oder fluch in der hinhabe des sein das alles andere als klein sondern riesig überdimensional genial und über allem was es gibt stehend doch flehend stellen wir uns hinten an um voran schreitend zu fallen im gefallen der geschäfte die mit leibeskräften dafür werben dass wir in der sinnlosigkcit nicht sterben denn wo sinn dahin und wo geld da brot und kein tod und wo kein verderben kein sterben was allem ziel folge leistet in sinnlosen handlungen den bogen überspannt und das menschsein wir überrannt und wir ringen mit gedanken und verschlingen weiter informationen

..wenn worte nicht mehr reichen um situationen zu erklären die es in wirklichkeit gab und niemand davon weiß da immer alles streng geheim im verborgenen und unter vorgehaltener hand wird nur vermutet wenn man munkelt und sich andere das maul zerreißen ohne ahnung immer auf kosten von jemandem der am rande des lebens und wohl überlegend den nächsten schritt zu setzen

..weiter draußen in den sphären der unbedenklichkeit herrscht ratlosigkeit zwischen gefühl und verstand wenn millionen inspirationen in unterschiedlicher art und weise auf beiderlei treffen und nichts anderes erzeugen als beiderlei im konflikt der auseinandersetzung sich klein beisetzen und im chaos ruhen

..hast du dich schon einmal gefragt wohin das führen wird wenn du weiter nur den anschein erwägst im schein zu leben um all dem gerecht zu werden was an anforderungen an dich gestellt wird ohne dein eigenes sein in den vordergrund zu stellen welches weit ab von überheblichkeit oder arroganz doch den stellenwert von oberster priorität haben sollte

..dieses lachen, dieser scharm mit ihren strahlenden augen und dem breiten grinsen machte sie einzigartig, machte sie besonders als eine unter milliarden, bis er das erste mal hinter die fassade blicken durfte und nichts anderes sah als tränen die unter ihrer maske zu boden fielen

..nur einmal den menschen im spiegel erkennen für den man sich hält und fühlt, dachte sie sich in einem kurzen augenblick des vorbeigehens an einer glasfassade, als sie wieder ihrem muster der gesellschaft folgte und alles andere war als sie selbst

..und ich, ja ich sag dir einfach mal von mensch zu mensch, offen und ehrlich, nimm meine hand, ich streck sie dir schon so lange entgegen, warte förmlich nur darauf, dass du sie nimmst, fasst, packst und annimmst wofür ich sie dir reiche, nimm meine hand, wenn du eine hand zum halten brauchst, nimm meine hand, wenn du dich anlehnen magst, nimm meine hand, wenn du dir nicht jedes mal mit deiner eigenen die tränen von den wangen wischen versuchst, denn, ich bin hier

..wer wäre ich nur ohne dich und was wäre, wenn es dich nicht in meinem leben geben würde, ganz egal in welcher art und weise, ja wirklich, ganz egal in welcher beziehung wir zueinander stehen, du verstehst nicht, was, verstehst nicht um was es gerade geht, noch einmal, danke dass es dich gibt, ja dich, genau der mensch der diese zeilen liest, danke für dich und jede einzelne spur die du in meinem leben hinterlässt, welche spuren fragst du dich, ja du hinterlässt spuren in meinem leben und ich bin dankbar, wieso, weil ich mein leben so wie es ist aus tiefstem herzen liebe und lebe und für jeden moment dankbar bin der mich zu dem gemacht hat was ich bin, schüttel nicht den kopf oder belächle meine worte, nein, denn durch jede einzelne spur in meinem leben von jedem einzenlen menschen den ich in meinem leben auch nur gesehen, getroffen, geliebt oder gehasst habe bin ich hier wo ich bin, dank dir, hier im leben

..manchmal bedarf es einen schritt weiter zu gehen als du bereit wärst zu gehen, zum einen um zu erfahren in welcher art und weise der begriff grenze für dich dehnbar erscheint und zum anderen, um zu spüren, wie gut es sich anfühlt, wenn man nicht nur aus dem jetzt sein vergangenes ich reflektiert, sondern aus dem jetzt sein zukünftiges

..wie oft habe ich mir schon die nächte um die ohren geschlagen um mir gedanken zu machen, gedanken über dich und dein leben, gedanken darüber wie ich dir mit meinen erfahrungen und meinem wissen, über mein bisschen leben, ein wenig lebensenergie einhauchen kann, wie ich es vollbringen kann, dir ein lächeln auf die lippen zu zaubern, das nicht nur für einen moment lang hält, sondern bleibt, wie oft habe ich versucht dir das geschenk der natur näher zu bringen, dich überredet barfuß spazieren zu gehen, dich spüren lassen wie ich mich fühle, wenn ich einen baum umarme, dir gezeigt wie es sich anfühlt wenn ein kleiner wildbach durch deine finger streift, wie viele stunden haben wir in kneipen verbracht, um so zu tun als wäre alles normal, wie viele stunden in cafés um schweigend durch die gassen davor zu blicken, wie oft sind wir arm in arm auf der couch gelegen und haben über das leben philosophiert, wie oft musste ich mein shirt wechseln, weil es nass war von deinen tränen, und letztendlich bleibt mir eine antwort: zu wenig oft, da du einfach gegangen bist

..als er ihr das erste mal gegenüber saß, mit seinen leuchtenden augen und von all seinem leben sprach, das sie mit jeder silbe in sich aufsog, hatte sie sich das erste mal geopfert

..ich, ja ich kann dir nur sagen, warte auf den nächsten schmerzvollen moment an dem deine beine dich nicht mehr tragen können, warte bis die last auf deinen schultern noch größer wird und schier unermesslich über deine fähigkeiten steigt, warte bis du kurz davor bist zu zerbrechen und an dir selbst zu grunde zu gehen, doch bevor du der menschen last erliegst, blicke erneut durch das offene fenster, das sich kurz, in der ruhe vor dem sturm, auftut und blicke mit offenem herzen hindurch, erst wenn dir nach diesem offenen und herzlichen blick auf alle dich liebenden menschen froh bist wenn sich das fenster wieder schließt, dann geh ..

..und sie wollte nur ein bisschen farbe in ihr leben bringen, nur ein bisschen aus all den mustern ausbrechen, die sie schon so lange auf ihren schultern trug, sie wollte lediglich ein wenig leben, ja einfach ein wenig leben, ein wenig davon, wovon sie überall las und hörte, nur ein wenig davon spüren wovon alle sprachen, ja sie wollte, nichts anders existierte mehr in ihrem kopf, nichts anderes hatte mehr platz und während sie festen fußes ihrem traum von farbe folgte, alles in ihrem leben auf den kopf stellte, alles altbekannte links liegen ließ, musste sie erfahren, dass all das, wovon sie las, hörte und wovon immer alle sprachen, ganz genau ihr leben war, bevor sie es zerstörte

..mich, mich hat das leben gelehrt, manchmal über den dingen zu stehen, nicht alles für voll zu nehmen was mich betrifft, schon gar nicht alles für wahr zu nehmen was mich nicht betrifft, gelehrt um einfach zu sein, einfach manchmal über den dingen zu schweben um wahrzunehmen was rund um mich passiert, ja das leben und viele menschen in meinem leben haben mich gelehrt über den dingen zu stehen und oft das richtig komplizierte mit einer eselsgeduld oder einfach mit gelassenheit zu betrachten

..es sind diese moment die einen einfach nicht mehr loslassen, diese augenblicke der stille wenn rund um einen alles im chaos versinkt, es sind diese kleinen wunder für die wir nahezu blind geworden sind, doch in diesem moment, diesem augenblick wenn ich deine augen betrachte, passiert dieses wunder glück

..und dann, begibst du dich plötzlich auf dünnes eis, lässt für einen kurzen augenblick all die sorgen hinter dir und wagst den gedanken an diesen einen schritt, ja diesen einen schritt der alles in deinem leben verändern würde, der aus allem schwarz und grau plötzlich farbe macht, der aus deinem fluß der tränen ein wunderschönes bachbeet formt mit blumen am ufer, der wieder ein wahres lächeln in dein gesicht zaubert, doch du zögerst

..ich liebe menschen und sollte ich einmal persönlich werden, euch einen kleinen teil meines geheimnisses erzählen, nicht schmutzig, vielleicht auch absolut nicht wesentlich für jemand anders, aber so ein ding in meinem leben das mich prägt wie kein anderes? ..ja? ..gerne, ich liebe menschen, ja, wirklich, unvoreingenommen einmal sicher alle, im zweiten ansatz natürlich nicht, aber grundsätzlich liebe ich menschen und wollt ihr auch wissen warum ich alle menschen liebe? ..ja? ..gerne, denn ich liebe jeden von euch, weil es nichts bereicherndes auf dieser erde gibt, als menschen die sich einem öffnen, hinter deren fassade man blicken kann, über die man nachdenken kann, mit denen man gemeinsam an was auch immer arbeiten kann, denn jede sekunde im beisein eines menschen bereichert mich, lässt mich unendliche rückschlüsse auf mich selbst schließen und dadurch kann ich wieder lernen, lernen noch besser auf menschen einzugehen, lernen noch stärker zu sein um zulassen zu können dass ich schwach sein darf

..bin versunken in deinen worten die du noch nicht einmal ausgesprochen und nebenbei treibe ich auf offener see all jener gedanken die doch nur um dich kreisen im versinken in deinen worten und wenn ich dich doch nur spüren könnte mit all deinen wortgewandten gedanken die mich befriedigen könnte ich versinken ohne unter zu gehen

..ich hänge an deinen lippen, wie kleine kinder an den rockzipfeln ihrer mütter und komme nicht darüber hinweg, wenn du schweigst, wenn du einfach nur kurz deine lippen zur ruhe legst, denn ich ruhe keineswegs wenn du schweigst, sondern brenne in mir, brenne mit einem feuer wie nach einer napalmbombe und du wunderst dich, wenn ich an deiner nähe hänge wie ein koalabärjunges am rücken seiner mutter und komme nicht damit klar wenn du nicht in meiner nähe bist, wenn du einfach nur kurz deinen eigenen weg gehst um zu sein, denn ich scheine verloren ohne deinen halt, scheine verloren und du wunderst dich, wenn ich an dir hänge wie an deinen lippen, an deinen lippen hänge wie an deiner nähe

..ach, wie gern würde ich diesen einen blick, diesen gesichtsausdruck, diesen moment für immer festhalten, einfach einfrieren für die ewigkeit mit deinen strahlenden augen, deinem lächeln auf den lippen und einem emotionszustand der freude ausstrahlt, ja wie gern würde ich diesen einen moment einfach nur festhalten und dir für alle zeit in dein bezauberndes gesicht zeichnen

..ich sehe nur dein bild und kann mich nicht daran erinnern, wann es mir das letzte mal so ergangen ist, diese intuition einfach schreiben zu wollen, dieses große, unausgesprochene fragezeichen in deinen augen und neben all dem glanz und deinem strahlen in den augen, seh ich traurigkeit, sehe den schmerz der endlosen fragen und sehe tränen die über deine seele laufen, dein herz das einfach nach frieden schreit und neben all deiner räubertochterstärke, die du dir als metapher für dein leben auf deine stirn geschrieben hast, ist da diese zerbrechlichkeit, dieses zarte, ähnlich einer knopse im frühling, die sich einfach nach sonne sehnt nach einem schier endlosen winter, sehe diesen wunsch in all dem du und die hoffnung, dass dein schritt der richtige war

..es gibt diese momente, in denen einem einfach der ganze himmel auf den kopf fällt und man ergeben und vergebens darunter zu liegen kommt, bis da ein gedanke keimt, ein fünkchen hoffnung und aus welchem grund auch immer, von irgendwoher so etwas wie kraft in die glieder steigt, man im nächsten moment den himmel wieder an den horizont setzt und durchatmen kann

..und du, du stehst da und versuchst zu verstehen, verstehen warum es menschen gibt, denen du deine ganze wahrheit auf den tisch knallst, alles je erlebte mit ihnen austauschst und dir jeder einfach nur sagt, dass er dich versteht, obwohl du ganz genau weißt, dass diese menschen keinen funken davon verstehen wie es dir wirklich geht, doch auf der anderen seite gibt es menschen, die du noch niemals getroffen, mit denen du noch kein wort gewechselt hast, menschen die nichts von deinem leben wissen und auch keinen funken deiner ganz persönlichen wahrheit kennen und doch verstehen und wiedergeben können wie es dir, ehrlich, ganz tief in deinem herzen geht

..hast du dich schon einmal gefragt wer du wirklich bist, also so wirklich tief in dir mit allen interessen und fähigkeiten, mit allem was dein herz, deinen verstand, deinen körper angeht und wenn ja bist du auch zum entschluss gekommen, dass da noch viel mehr in dir steckt, als all deine freunde, all die menschen in deiner umgebung, all jene in den sozialen netzwerken von dir kennen und wäre es nicht großartig genau der zu sein der man ist?

..wir agieren ohne reaktion, doch gehen uns nie die argumente aus, wenn wir senieren und nicht verstehen, dass wir scheinbar vertrauen ohne dass wir uns etwas trauen, ohne dass wir es wagen, doch wir wiegen alles in der waagschale einer gerechtigkeit, die weder gerecht noch richtig, sondern verlogen die wahrheit verleumdet und in ein licht rückt das dem schatten gleicht, was ungleich wie naheliegend die ferne aufs sofa bringt, im agieren auf zeit die reaktionelle taten brauchen würden wie würde, doch anstatt anstand folgt die flucht, verfolgt zurück in die argumentation, wenn nichts bleibt was bleibend im scheinbaren stillstand, wenn reaktionen nichts mehr taugen und scheinbares agieren reaktionslos bleibt

..ich kann nicht mehr denken und mein handeln ist eingeschränkt, ich werde bereichert und beeinflusst, auch wenn niemand an meiner seite, unbeeindruckt manipuliert von aussen fresse ich aus einer hand die mich nur scheinbar füttert, nur scheinbar am leben hält, nur scheinbar mein innerstes zum kochen bringt, bis meine seele explodiert, bis mein körper vor sich selbst zu flüchten droht und ich jegliche kontrolle zu verlieren erwäge fresse ich lüstern aus der hand die mich nur scheinbar füttert, bringe ich meinen körper zum kochen und explodiere aus reiner leidenschaft, bis mein körper wieder zu sich findet und die kontrolle erlangt, wenn ich am langen arm verhungere

..hey du, was ist schon wieder passiert in deinem leben, dass du mit gesenktem kopf durch die straßen läufst, schon wieder bei jeder freien gelegenheit tränen in den augen hast, schon wieder in deinem spinnennetz deiner gedanken gefangen bist, sag mir, was ist schon wieder passiert, oder sind wieder die alten vergangenen gedanken die dich fesseln und am stand halten, gedanken die noch immer so grausam fühlbar und spürbar sind, dich noch immer täglich leiden lassen in deinem netz der undurchdringbaren gedanken und doch stelle ich dir meine frage, warum, und das als frage meines herzens, warum greifst du nicht einfach nach meiner hand die ich dir reiche

..nüchtern und vielleicht etwas schüchtern würde ich dich berühren und dann mitten im verführen all dem ich auch ein wir geben in allem du und wenn meine hand die deine erkannt und nicht mehr lässt weil sie dich sachte fässt und tief im herzen berührt was dazu führt dass dir vertraut welch gedankenbrücke gebaut in all den silben und worten die sich an dich horten und endlich losgeschickt beim ersten realen blick

..manchmal scheint es so abgehoben, so überheblich, so arrogant wenn ich vom leben schreibe, da ich doch nur ein teil von all dem was rund um uns alle passiert, ja es scheint sogar für mich manchmal abgehoben und überheblich, aber nichts desto trotz muss ich schreiben, schreiben wonach mir ist, was mich in meinen augen beschäftigt, schreiben um es von der seele zu bringen, scheinbar wie in einem tagebuch datier ich meine gedanken, forme sie zu lesbaren silben, streichle buchstaben als wären sie meine treuesten weggefährten und ja, das sind sie, darum verzeiht mir bitte alles scheinbar abgehobene, überheblich, arrogant wirkende in meinen zeilen, ich habe keinen plan von meinem leben und will diesen auch nicht haben, ich will mir ausschließlich darüber gedanken machen was mein leben tag für tag erfährt

..ohnmächtig wenn mich die gedanken fangen und in all ihrer härte und strenge mit all ihren mitteln in die knie zwingen wenn ich scheinbar zerschmelzend nur noch am boden kauernd bis der letzte atemzug meine lungen füllt und ich zu boden falle wenn ich schier endlos in meiner synapsenspirale gefangen als gäbe es kein ende und keinen anfang der mich erlösen könnte in all der zeit des denkens wenn mein kopf zu explodieren droht durch die last der nicht messbaren und greifbaren lasten wenn mein ich ohnmächtig scheitert

..ich blick in deine augen und
seh dich schon wieder weinen
genau wie das letzte mal als
er einfach ging dich einfach
verließ ohne worten und
gründen dich einfach zurück
ließ mit all deinen fragen dich
seelisch an den branger der
unwissenheit stellte um sich
selbst nicht eingestehen zu
können welch unendlicher
arsch er ist doch du weinst
leise vor dich hin lehnst dich
an schultern die dir über den
weg laufen heulst dir die seele
aus dem leib suchst
ausschließlich nach fehlern
bei dir suchst nach gründen
um zu verstehen doch dir
fehlen die worte aber lass dir
doch bitte einfach einmal
ehrlich sagen solange du
ausschließlich bei dir die
fehler suchst wird dein herz
nicht verstehen dass es
schlägt und deine seele nicht
erahnen dass du ok bist wie
du bist mit all dem genialen
in deinem sein

..ach liebe
wie weit bist du weg wenn ich dich suche
wie oft zu nahe wenn ich dich hasse
wo bist du wenn ich dich brauche
wann kommst du wenn es nur ein jetzt gibt
ach liebe
was soll ich tun um einfach nichts zu tun
wohin soll ich gehen wenn ich am stand stehe
ach liebe
du bringst mich um meinen verstand
wenn ich mich frage ob ich überhaupt denke
du raubst mir mein herz
das ich doch schon längst an dir verloren
ach liebe
ach liebe
dann bist du da wenn ich dich nicht brauche
zu weit weg wenn ich dich liebe
bist hier im jetzt und weit darüber hinaus
ach liebe
du tust wenn ich tue
ich gehe mit dir arm in arm
du schenkst mir meinen verstand im denken
du schenkst mir mein herz
damit ich dich liebe lieben kann
ach liebe

..schau mich an
alles was ich habe lege ich dir dar
offenbare mein innerstes
lange sind alle hüllen gefallen
meine seele auf dem tablett
..und du
du stehst nur da und schaust
betrachtest ohne beachtung
verachtest meine opferung
belächelst meine hingabe
..schau mich an
bis auf die knochen ausgezogen
stelle ich mich dir zur schau
stelle ich mich mir hinten an
und reiche dir meine herz
..und du
du spielst mit mir
erniedrigst meine tiefsten gefühle
doch eines ist klar
du verstehst es einfach nicht
..schau mich an
mehr als das was ich bin
kann ich dir nicht geben
und wenn du das nicht einsiehst
kannst du dich in deiner erinnerung
an mir ergötzen
aber im realen bin ich endlich wieder ich

am punkt

du bist auf der suche
auf der suche nach dir
auf der suche nach deinem traum
oft ist es der stillstand
der tödlich ist im suchen
dieses nicht wissen wonach greifen
wenn der himmel und jegliche sterne
nicht mehr da sind wo sie einst waren
dieses wo
wenn man selbst nicht weiß wohin man will
ein ziehen im stillstand
ein ziehen im sein
dass bestimmt durch die vergangenheit
deren schatten sich auf das jetzt legen
bedingungslos kühlen
bedingungslos das licht des tages nehmen
oft ist die suche verbunden mit rückschlägen
da man auf der suche blind
für alles was rund um einen passiert
blind für die wunder die einem passieren
weil man im gedanken etwas fokusiert
dass es nicht einmal gibt
und du schreist nach dieser farbe
diese unendlichen farben des regenbogens
die dir zu fehlen scheinen →

doch diese farben sind nicht weg
schau mal hin
achte mal darauf
diese farben in deiner seele sind nur unter
einem kleinen schatten
du alleine vermagst diesem schatten
etwas licht zu verschaffen
diesem schatten ins licht der farben zu rücken
und den schleier zu lösen
geh in den garten
in den wald
zieh die schuhe aus und spüre
spüre wie sich dein sein mit dem jetzt
mit dem universum neu verbindet
sich wieder neu verwurzelt
und setze schritte im jetzt
setze schritte für dich
für deine seele
und dein traum wird dich finden

..ach mädchen

was hast du nur mit deinem leben angestellt oder was hat das leben mit dir gemacht ich weiß es ist viel zeit vergangen seit unserem letzten treffen seit unserer nähe ach mädchen ich erinnere mich noch an dein lächeln von einer seite auf die andere erinner mich an deine strahlenden augen die mich in jedem augenblick verzaubert haben und ich sitze dir nun gegenüber und frage mich was hat das leben mit dir angestellt was hast du mit deinem leben angestellt dass dieses lächeln nicht mehr existiert jegliches strahlen aus deinen augen etwas trauriges bekommen hat und ich frage mich ob es ein fehler war dich damals gehen zu lassen ein fehler war dieses strahlen in die welt zu lassen auch wenn ich weiß es gibt keine fehler doch es tut mir leid und ich würde dir gerne behilflich sein zu deinem lächeln zu finden behilflich sein wieder dieses strahlen für deine augen zu suchen wenn du früh morgens verschlafen in den spiegel schaust denn die welt braucht dein lächeln ja die welt da draußen braucht deine strahlenden augen die alles mit liebe betrachten doch sag mir was hat das leben mit dir angestellt

..die ganze welt stellt sich gegen mich
jeder augenblick mit diesen gedanken
beweist sich als qual
mein denken dreht sich nur um dich
ich finde keinen ausweg
keinen weg aus dieser endlosschleife an gedanken
keinen blick hinaus in die restliche welt
alles was ich sehe bist du
ist der schmerz
den du in meine seele gebrannt hast
ist die tatsache
dass ich verletzt am boden liege
liege um nicht weiter fallen zu können
liege um zu weinen
nur für mich
nur ganz allein für den gedanken an dich
der mich weiter bringt
einen funken hoffnung schafft
in dem ich einen blick wage
ein kurzer hoffnungsvoller blick
hast du mir vielleicht geschrieben
mir eine reaktion hinterlassen
nichts
nichts
stattdessen lese ich
fremd und unbekannt
lese
tränen versiegen
und ich finde die kraft
mich vom boden zu erheben
lese von egoismus
lese davon →

---

dass jeder in seinem eigenen universum
seine welt bestimmt
richte mich auf
gedanken verfliegen
während ich abtauche
gedanken kommen
die mir ein lächeln auf die lippen zaubern
ein gefühl ergreift mein sein
ergreift mein ganzes ich
dankbarkeit für jeden
einzelnen moment in meinem leben
für alles was ich lernen musste
dankbarkeit auch für alles
was ich an schmerz erfahren durfte
dankbarkeit für alles
da ich jetzt verstehe
dass alles was ich je erlebt habe
mich zu dem gemacht hat was ich bin
und du
du bist wieder in meinem denken
bist wieder ganz klar da
noch näher noch klarer
aber du tust mir nicht mehr weh
denn ich bin dankbar

..ach, wie weit reicht der begriff von liebe über alle dimensionen der überdimensionalität die nicht zu fassen und doch so spürbar mit allen sinnen die wir haben, denn schon „erich fromm" stellte klar, die liebe zu sich selbst ist die basis für die liebe zu jedem anderen und ja, ja diese liebe zu sich selbst empfinde ich ebenfalls als grundlegendstes fundament eines jeden ichs, wenn wohl die gesellschaft mit dieser selbstliebe so scharfs in den boxring des lebens steigt, denn was ist heute schon noch selbstliebe wert, wenn man all das scheingehabe, welches nach aussen getragen wird, wenn man all diese überhebliche zur schau stellung in betracht zieht, ja, wir sind ein produkt der gesellschaftlichen entwicklung und meist nicht weit entfernt von überheblichkeit und narzissmus, doch diese selbstliebe hat nichts zu tun mit überheblichkeit, hat nichts zu tun mit diesem narzissmus, selbstliebe beweihräuchert sich nicht, stellt sich nicht überheblich zu schau, prostituiert sich nicht für likes oder ein falsches lächeln, selbstliebe ist dieses ich im ich, diese zufriedenheit im umfeld, ja sogar dieses fehler sehen und erkennen, dieses unzufrieden sein und kämpfen, ja das ist selbstliebe, sein im jetzt, sehen, erkennen, ändern, dann, davon bin ich überzeugt kann ein mensch lieben, jemand anderen nehmen wie er ist, mit all dem schönen, aber auch mit all den fehlern und narben aus der vergangenheit, wofür das gegenüber oft keine schuld trägt, lieben mit sprichwörtlich haut und haaren und sich wohlfühlen, nur dann kann →

man sich bewusst in die augen blicken, ohne angst, dass jemand hinter diese maske blickt, denn selbstliebe hat weiter den überaus wichtigen vorteil, dass sie masken reduziert, vielleicht nicht alle, vielleicht nicht die nach aussen, aber jede maske zu sich selbst, denn überheblichkeit und narzissmus sind die basis für eine maske für sich selbst, falsche blickwinkel und selbstbeweihräucherung mit dem bewusstsein, alles dafür zu tun um das scheinbare bild nach aussen zu bewahren, somit wäre narzissmus nach meiner definition das gegenteil von selbstliebe, es wäre jegliche verleumdung von sich selbst, es wäre selbstqual, denn mich würde es quälen, wenn ich mein ich in mir so weit unterdrücken müsste um jemand anderem gerecht zu werden, mich würde es schmerzliches leid zufügen, wenn ich nicht ich sein könnte, nicht so denken und handeln wie ich es vermag zu tun, mich würde es umbringen und ja, wenn ich daran denke, dass es mich umbringen würde, in dieser überheblichkeit des narzissmus gefangen zu sein, würde ich wahrscheinlich mit allen mitteln versuchen ein bisschen aufmerksamkeit zu erlangen, würde ich versuchen so sein zu wollen wie mich andere haben wollen und ja, ich würde dann wahrscheinlich irgendwann sogar anfangen zu glauben, dass dieses schmerzverzehrte gesicht, das nach aussen immer nur brav lächelt, nach aussen immer auf style und bro macht, dass dieses ich ich bin, und ich frage mich gerade, ob→

ich dann einen weg finden könnte zu erfahren, dass es sich in diesem zustand nicht um selbstliebe handelt und irgendwie kommt mir gerade der gedanke, dass ich es wahrscheinlich nicht schaffen würde, nicht allein, nein ich würde jemanden dazu brauchen der mir die augen öffnet, doch welche augen die doch verschlossen sind vor dem wahren ich und was würde es wirklich brauchen, würde es reichen wenn jemand mein herz berührt, aber dieser jemand würde vielleicht mein herz erreichen aber nicht hinter diese masken blicken können und dann bleib am ende doch nur ich, ich allein könnte mich dazu bringen, den weg der selbstliebe zu gehen, ich allein könnte es ändern, ändern, dass ich nicht aus gefälligkeit für andere auf mich selbst vergesse, mich selbst verleumde, ich allein könnte es fertig bringen, vielleicht könnte mich jemand anstoßen um mir den blick zu öffnen, aber tun müsste ich allein, alleine den kritiken aller scheinbaren freunde stand halten, alleine für mich mein leben ordnen, masken minimieren und endlich sein wie ich will, ja dann fängt selbstliebe an, dieses sein im ich, dieses lieben im ich, da fängt selbstliebe für mich an, mich wahrnehmen, reflektieren und mein handeln nicht für andere, sondern nur für mich alleine anpassen, mich im spiegelbild erkennen und verzeiht meine ausführlichkeit der gedanken über ein thema das größer und wichtiger als es einst „erich fromm" erläutert, aber wann beginnst du, ja du da draußen, dich selbst zu lieben

..in der liebe verliert selbst
der hass seine ignoranz hörte
ich mich einmal denken, bis
ich selbst diesen prägenden
satz zu hinterfragen begann,
hat hass ignoranz und verliert
er ihn wirklich und was ist
liebe, wieder fragen über
fragen die zu keinem ende
kamen in meinem denken und
ich hinterfragte die
hintergedanken, wenn hass
ignoranz besitzt, wodurch ist
diese wohl entstanden und
muss man sich nicht selbst
einmal über das wort liebe
befragen, deren interpretation
so zahlreich wie menschen auf
diesem planeten, und wieder
reichten keine antworten all
der hintergedanken bis ich
aufgehört habe mir darüber
gedanken zu machen, denn
..in der liebe verliert selbst
der hass seine ignoranz

..ein wort, ein wort sagt mehr als tausend gedanken, diese ranken sich hoch und höher, am anfang steht das wort, ein ort sonderbar wolkenlos klar, der graue alltagswörternebel macht sich rarr und ich atme ein, kann es sein, kann es passieren, dass bloß ein einziges wort bringt gedanken zum vibrieren, alles zittert, ich lebe, bewege mich lautlos in einer zeit die zum stillstand gekommen, benommen von klarheit und erregung gerät mein gedankengang in schwung und dreht sich wie die doppelte helix unserer gene, ich gähne, mir fehlt die luft, ich sauge sie ein, inhaliere, verliere kurz den halt, daumle, und baumle an einer schier unüberbrückbaren synapsenbrücke welche dem glücke holt mich hält, zieh mich hoch um nicht weiter abzudriften in jenes loch aus dem ich gekommen, vernommen welch wort den grundstein legte und hegte mich in sicherheit, breitbeinig festen standes war ich gerettet im augenblick, augenblinzeln, klick, die gedankenspirale erfasst mein sein, holt mich scheinbar in sicherheit geborgen wieder ein und zieht mich fort, ich fühle mich verlegen, gedankenschwanger, gestellt an meines hirnes pranger, der mich zur schau meiner selbst beraubt und erlaubt sich mich vorzuführen in aller eitelkeit meiner unsicherheit, welche allumfassend jede faser meines denkens schürt, mich berührt, entführt in die weiten des nichts, bis sich jene brücke wie von wunderhand gelenkt verbindet, der pranger an dem ich stehe verschwindet, ich gehe schritte, unbewusst, verspüre lust, verspüre den reiz der erfahrung, erfahre mich mit jedem tritt und denke

..ich habe einen gedanken in meiner hand und als ich kurz mal abgelenkt ich nicht einmal bemerkte dass er verschwand so steh ich hier mit leeren händen leerem kopf und ohne ziel weiß nicht einmal wohin ich will bis ein gedanke kommt der traumland heißt so hab ich nun dies traum in meiner hand bin am denken und am grübeln weiß nicht ob mir der traum bekannt die angst vor unbekanntem hält mich inne gänsehaut erklimmt die spitzen meiner sinne ich narr so steh ich wieder da gänzlich nackt in meinem denken wünsche mir normalität würde sich einrenken bis ein vogel sich auf meine hände setzt mir flüstert er sei durchwegs entsetzt so hab ich jetzt dies vogel in der hand gelernt aus der vergangenheit werfe ich ihn geballt vor mir an die wand doch anders als der gedanken der entfloh und dem traume der mir unbekannt klatscht dies freiheit liebend vogel nicht an diese wand hebt sich kurz davor empor mit flügelschlägen zieht nen kreis in luftgen höhen und kehrt zurück auf meine hand schaut mich an ganz ohne angst und scheu auf dass ich meinen wurf sogleich bereu sanft hebe ich ihn hoch auf augenhöhe unsere blicke treffen innig nah ich höre spüre fühle seinen klang als er durch mein nasenloch in mein gehirn hinsprang

..du willst raus, raus aus all dem was dich hier an leben hält, raus aus all den gepflogenheiten, die dich zu der werden haben lassen, die dich täglich aus dem spiegel hämisch angrinst, du willst raus, suchst nach fluchtwegen und bist stest auf der hut, bist in dir vergleichbar mit wüstensand, sehnend nach wasser und bereicherung, aber gleichzeitig abweisend auf alle äußeren einflüsse, fühlst dich isoliert, alleine und mit jedem tag mehr scheinen die feinde auf den straßen vor deiner türe mehr zu werden, es sind nicht mehr nur unbekannte, nein es sind bereits feinde, jeder blick trifft dich bis ins mark und selbst wenn kein blick fällt, weißt du am besten warum dies fremde dich nicht einmal eines blickes würdigen, du bist entwürdigt in allem was andere menschen mit dem wort ehre beschreiben, soetwas kennst du nicht, hast du noch nie gekannt, soetwas gibt es in deiner welt nicht, in deiner welt gibt es nichts wenn du schwarze tage hast, in denen du isoliert von der aussenwelt glaubst alle gedanken dieser erde und allen menschen durchdenken zu können, in denen du dich hineinversetzen kannst wie niemand sonst, in alle gegebenheiten dieser erde, soweit bis du noch mehr leidest, mehr als alles andere, du leidest, sitzt auf deinem hintern und leidest, ein flüchtiger blick auf dem weg auf die toilette zeigt dir dein spiegelbild, es fließen erneut tränen im anblick deiner selbst bis du nur noch auf der toilette kauernd zurückbleibst, regungslos, hunger gibt es nicht, durst vielleicht wenn die zeit hockend stunden überschreitet, du leidest, dein mitleid beschränkt sich in deinem leben auf deinen engsten umkreis, dich, ausschließlich→

dich, denn wer braucht einen umkreis wenn er schon so viele ecken und kanten an versionen des ichs nach aussen getragen hat, dass nicht einmal mehr du weißt wie viele verschiedene masken auf deiner garderobe hängen, deine garderobe ist voll, völlig überfüllt und überladen, du weißt oft selbst nicht mehr wem gegenüber mit welchem gesicht, wem gegenüber kannst du ehrlich sein, du leidest, leidest mit dir als bester weggefährte des leidens, erkennst die lügen an dich selbst, du zweifelst, zweifelst an dir, glaubst zu wissen was alle, rund um dich, aus dir gemacht haben und erkennst erneut die zahllosen feinde, jeder wird zum feind wenn du beginnst zu denken, du denkst in endlosschleifen, immer und immer wieder wiederholt sich das gleiche muster, feind, kauern, zerbrechen, denken, feind und in einem lichten moment der hoffnung klammerst du dich an den sprichwörtlichen strohhalm, ein gedanke, nichts weiter als ein gedanke, ich muss raus, raus aus all dem was dich hier am leben hält, du scheinst glück zu empfinden wenn dies gedanke deine schwarz in schwarz spirale des denkens unterbricht, klarheit scheint deinen geist zu überkommen, klarheit wie die ruhe vor dem sturm, doch diese klarheit ist andauernd, ist ein hoffnungsschimmer der nur wieder weitere bahnen des denkens verhindert, doch es fühlt sich richtig an, fühlt sich unausweichlich und bekräftigend an, was willst du mehr, was willst du mehr an befriedigung als diesen einen engstirnig lebensbejahenden gedanken, nichts, nichts wenn du weiter nur in diesem jetzt bist, dieses jetzt das ständig nur, ich →

will raus, schreit, ein entschluss wird gefasst, noch immer kauernd und hockend in einer ecke deiner vier wände, ein entschluss der deine tränen trocknet, dir wieder lebenskraft verleiht, bis der erste schritt gesetzt wird, was ist der erste schritt, mit dieser frage sitzt du nach einem kurzen lächeln wieder am boden, hockend, kauernd, was kann ich, hör ich dich fragen, was will ich überhaupt, scheinst du lautlos in das universum zu schreien, du zweifelst, bis du wieder an jenem punkt der spirale angekommen bist, an dem ausschließlich, ich will raus, auf deinen gedankenprojektor geheftet ist, du atmest tief, tränen fallen, fallen gleich wie zuvor, ein schluchzen, ein atmen, ein versuch dich wieder fangen zu wollen keimt in dir, hoffnung, bis der weg zum nächsten toilettengang dir wieder das wahre du präsentiert, bis sich auch wieder dieses fangen wiederholt, diese hoffnung keimt und irgendwann, vielleicht beim zweiten oder dritten versuch unversehrt am spiegel vorbeizukommen schleichen sich wieder zweifel in dein vorhaben, was willst du wirklich wenn du jetzt schon zweifel hegst und was willst du machen wenn die unterstützung fehlt, dort, wohin auch immer du gehen wollen würdest, gehen wollen würdest wenn du im stande wärst, nicht ständig an deinem spiegelbild zu zerbrechen, wohin sollen dich deine beine tragen wenn die last deiner gedanken, scheinbar wie ein elefant auf zahnstochern stehend, unter dir zu brechen drohen, wohin willst du gehen wenn dein körper sich gegen dich wehrt und irgendwo dazwischen, zwischen dieser schwerzvollen wirklichkeit und all deiner fantasien, tut sich ein →

fenster der realität auf, ein fenster das dir kurz, scheinbar nur für einen augenblick die realität zeigt, deine familie, deine freunde, quergedanken zu all den feinden entstehen, doch das fenster bleibt offen, du siehst die zeit, die all jene dir schenken, all jene die dich auf der suche nach deinem wahren ich unterstützen, siehst plötzlich freunde die aus dem bild des feindes ganz nahe an dich rücken und dir die schulter stärken, siehst die gesellschaft die sich in keinster weise gegen dich stellt, sondern nur verwundert und teilweise bewundernd auf dich blickt, verwundert, weil sie die vielen masken an dir wissen und bewundernd, weil sie dich um deiner kreativität und deines durchhaltevermögens beneiden, ja sie bewundern dich, beneiden dich, wünschten oft sie selbst wären wie du, bis die ruhe vor dem sturm ein ende findet und das fenster, wie durch einen heftigen windstoß, wieder geschlossen wird, die klarheit deines blickes aus dem fenster deiner seele weicht wieder diesem wohl vertrauten nebel, ich muss raus, alle sind feinde, woanders geht es mir besser, hier bin ich nicht sicher, ich muss raus, eine endlosschleife an selbstmitleid durchzieht dein denken und du verlierst dich erneut hockend und kauernd in einer ecke deiner vier wände

..warum kann nicht einmal alles so laufen wie du es dir vorstellst, warum spielt dieses leben immer gegen dich, jeder tag, jede stunde hat nur im sinn, dass sie gegen dich gerichtet ist, warum fällt das glück immer nur den anderen in den schoß und nicht einmal dir, warum, du zweifelst an gerechtigkeit, stellst dein sein in frage, definierst glück in einer gedanklich manipulierten waagschale, stellst forderungen, doch hältst dich nicht an deine eigenen, wobei, du tust alles um dieses scheinbare glück der anderen zu erfahren, tust alles um ein kleiner teil davon zu sein, doch genau dieses tun macht dich unglücklich, du suchst ziele, erfindest dich täglich neu und hinterfragst nicht warum du dir selbst nicht treu bleiben kannst, warum du wie ein blatt im wind umherirrst, warum du nicht fuß fassen kannst hier in deinem sein, aber du hast doch größeres vor, hast pläne, willst täglich, täglich nur einmal die welt retten, täglich nur ein mal, nicht mehr, nicht weniger, nur täglich ein mal

..und ich, ich sag dir, es ist schön pläne zu haben, schön und vorbildhaft die welt retten zu wollen, doch sei dir bitte im klaren, dass ein blatt im wind keine welt retten wird können, darum suche deinen weg zurück an den baum, von dem du gekommen bist, versuche dich wieder zu erden, versuche anstatt des blattes, in einer knospe des baumes platz zu finden und werde zu einem samenkorn, dann, ja dann kannst du mit dem wind fliegen und anstatt langsam im laufe der zeit hier auf erden zu verrotten, kannst du wurzeln und die welt retten

..dein angst lähmt dich, hält dich zurück vor jedem weiteren schritt den du gerne setzen würdest, doch du kannst nicht, kannst keinen klaren gedanken fassen, dein zittern ist, augenblicklich, das einzige das dir zeigt, dass du lebst, du bist am weinen, am heulen, würdest so gern den frust deines seins in die welt schreien, ja du würdest ihn so gern der ganzen welt zeigen, du hast angst, wieder drehen sich die gedanken, was ist wenn du diese angst zeigst, dein sein, dein leid, dein leid mit dir selbst, und was würde sein, wenn sich nichts ändert, wenn du all deine angst in die welt schreist, du verstummst, fühlst dich als würden dich nur noch die spärlichen verpflichtungen wie eine marionette lenken, alles funktioniert nur mehr auf stand-by, funktioniert nur noch, weil du gelernt hast zu funktionieren, du willst aber nicht nur funktionieren, du willst etwas bewegen, doch schafft es nicht deine glieder unter kontrolle zu bringen, du willst funktionieren und allen zeigen was in dir steckt, doch hast angst vor deinem spiegelbild, du willst so gern, dass dich endlich einmal die ganze welt sieht und hört, doch hockst in deinen vier wänden und weinst leise vor dich, leise, nur ganz leise findest du leidensgenossen, ja genossen der gleichen gesinnung, sinnhaftig traurig und am leben zerbrochen, könnte diese gesinnung sich taufen lassen, wenn es amtlich werden sollte, dass es sie gibt und ja es gibt sie, doch nur im geheimen, unter stillschweigen, ausschließlich unter vorgehaltener hand, eine hand, ja eine hand die dich hält, beschützt und in der du dich geborgen fühlen könntest wäre deine rettung, nur eine hand von allen menschen auf diesem planeten, nur eine hand

..als sie das letzte mal, irgendwo versteckt im wald, sex mit ihrem geliebten hatte, schwor sie sich, es muss das letzte mal gewesen sein, das letzte mal wo er ihr kalt den rücken kehrt und zurück zu seinem wagen geht, das letzte mal wo sie allein im wald zurück bleibt und ihre emotionen aus extase und traurigkeit nicht unter kontrolle bekommt, es muss das letzte mal sein schwor sie sich auf jedem schritt zurück zu ihrem wagen, er war längst schon weg, kein verabschieden, kein lächeln, kein kuss, kein nichts an dem sie sich klammern hätte können und immer wieder fasste sie den entschluss, es muss das letzte mal gewesen sein, denn sonst würde sie daran zerbrechen, daran zu grunde gehen, weiter nur die geliebte bleiben und niemals ihr wahres gefühl ihm gegenüber mit liebe in verbindung bringen, bis, noch immer in ihrem wagen sitzend, ihr handy vibrierte, eine nachricht, von ihm, was will er schon wieder, war nur ein flüchtiger gedanke, bis sie las: „du liebe, wir können uns nicht mehr sehen, können uns nicht mehr treffen, können nicht weiter an dieser illusion festhalten, denn, ich zerbreche jedes mal ein wenig mehr, gehe jedes mal ein wenig mehr zu grunde, zu grunde weil ich dein glück aufs spiel setze, zu grunde weil ich dich liebe, bitte verzeih" und als sie ihr handy wieder in der mittelkonsole des autos verstaute und den motor startete, hatte sie ein lächeln auf den lippen

..ich hassliebe dich und wie oft habe ich schon versucht wie du zu denken, mich in dich hineinzuversetzen mit allem was du bist, uns verbindet die liebe, trennt das leben, die zeit und die entfernung in all der nähe sind oft unerträglich, mein sinnen nach freiheit, du nimmst mir den raum zu atmen und erstickend mag ich diesen zustand, du nimmst und gibst, verschiebst meine realität in anbetracht gegenwart, nimmst dir zukunft, greifst nach den sternen und bist traurig wenn ich dir das ganze universum zu füßen lege, hege wünsche die verblassen in deinem antlitz der ergötzung, schöpfungsgeschichte hinterfraglich wenn der apfel fällt, du fällst den baum und nährst dich an meinen wurzeln, erfährst dich, nährst mich und saugst mich aus, meine hülle leer doch mein zuhaus, mein sein nur noch denken, gedanken an dich verrenken sich ins schier endlose, breche beine und arme um mich anzupassen und kann es nicht fassen wie du mich wiederbelebst, dich erhebst →

als des teufels rechte hand, was mir so gut bekannt, wenn du sachte mich am berühren, führen meine gedanken regie und das bühnenbild unserer liebe gleicht der endlosen philosophie, nie, unendlich und doch so endlich weil dein augenaufschlag mich wie peitschenhiebe trifft, das gift deines blickes betört mich, verführt meine sinne drogenartig in einen rausch und ich fühl mich zuhaus, schluss aus ich kann mich nicht erwehren, will raus und bleib liegen, will bleiben und muss weg, finde mich nur eigenartig in einem gedankenversteck wenn du vor mir stehst, dich bewegst, deine anmut verleiht mir flügel die du mir schon längst gebrochen und jedes mal wenn ich anzuheben versuche schmerzt mein herz während ich dir offen gestehe, ich hassliebe dich

..du hast mir nie erlaubt meine flügel ausbreiten zu dürfen und warst der erste der geschrien hat was alle zu tun haben müssen nur weil du eben so bist und doch nur auf deine mitmenschen vergisst und sogar auf deine liebsten denen du den rücken kehrst weil du dich doch nur um dich scherst und nichts übrig hast für anderes denken weil du am lenken obwohl dir gar niemand reicht und noch weniger dir nur irgendetwas recht machen können denn du bist mit allen im kampf und nie am versöhnen weil du der reflexion in deinem kopf ferner als die letzte galaxie unseres sonnensystems und jetzt stehst du da und willst nach meiner aufmerksamkeit fordern doch ich sag dir ganz klar genau das was du damals schon zerstört hast kannst du heute nicht mehr ordern denn ich habe gelernt meine flügel zu breiten und auf meinen gedanken zu reiten und mich fliegend um mein leben zu kümmern denn ich bin anders als du auch wenn ich immer ein teil von dir sein werde und ich habe noch weiter gelernt dass auch wenn du so viel zerstört hast auch so viel geschaffen hast denn sonst würde ich heute nicht hier sitzen und schreiben und mir gedanken machen und ich würde nicht ich sein weil du meine lebendig aufgabe meines lebens und du bringst mich heute auch mit gebreiteten flügeln noch an den rand meines verstandes weil deine dämlichkeit keine ähnlichkeit mit bewusstsein aber gut das ist das ergebnis aus der einfachen rechnung unterdrücke mein breiten der flügel und mein herz für dich bleibt tot

..müsste ich skalieren mag ich von eins bis zehn meine ideen in die welt zu geben wenn wohl die eins wenig schwach oder nicht und die zehn ein gedicht an allem und ich geb dir ne eins für deinen ordnungswahn und ne zwei für deinen oft kontraproduktiven gedankengang ne drei für dein wahrnehmen und ne vier für dein intimes fremdschämen und dann geb ich dir ne fünf für dein haar das manchmal so schön erotisch fallend und ne sechs für deine finger die sogar gedanklich krallend und beim weiter denken lass ich ne sieben bei dir für dein zartes verhalten mit mir und ne acht für dein lachen wenn wir uns krumm lachen über so manch sachen und ne neun für alles was du für mich tust und ne zehn für dich als mensch weil du es von eins bis zehn einfach nur wert bist

..so schön wenn ich wandelnd und frei handelnd der laus auf meiner leber beim rumtollen zuschauen kann denn wo fang ich an wenn ich schon längst hier bei dir und manchmal frag ich mich ob meine laus die deine kennt oder sie dich ihre liebe nennt denn irgendwie tickt sie oftmals im kreis wenn ich mir auf die zähne beiß weil der mut fehlt auch wenn dein sein mich so schön erhellt und wohl die laus am leben hält weil sie bestandteil ich in allem was mir an dir gefällt

---

..einfach mal wieder laut weil ich es selbst nicht ausstehen kann wenn ich viel zu leise bin weil ich nicht den mut habe auf den tisch zu steigen auch wenn ich schon oben stehe und die höhenangst mich in die knie zwingt doch der ausdruck meines schreibens ist meine flucht nach vor weil ich laut sein will mit allem was ich bin und allem was ich an mir und in mir trage an gedanken aber ich kann so vieles nicht verstehen auch wenn ich teil des systems bin ich ein verfächter von dieser schier endlosen kompromissgesellschaft die mit verlaub behauptet es sei schon alles gut solange mir selbst nichts böses geschieht und da könnte ich kotzen und nur mit bedacht kann ich den würgereiz unterdrücken wenn ich in so manch gesichter in meinem alltag schaue die im glashaus sitzen und gänzlich stolz darauf sind wie schön und toll und angesagt sie leben und selbst durch die großen glasflächen nicht vermögen nach aussen zu schauen weil sie von klein auf erlernt haben die scheiben nach innen spiegelnd zu verkleben und die scheinwelt nach aussen zu erhalten und der gläserne mensch ist doch schon lange in der realität und dann sich mit gewalt darüber äußern dass sie so gern privatsphäre hätten in dem sie sich →

nackt posten und all ihren schwachsinn online stellen mit verlaub es dürften doch nur die richtigen menschen lesen und verdammt mich würgt es schon wieder wenn ich gänzlich ohne hand vor dem mund über dieser imaginären kloschüssel knie und anstatt zu kotzen steh ich wieder auf und versuche die welt zu retten auch wenn ich weiß dass ich es nicht kann aber wo fang ich an und vielleicht sollte ich einfach einmal laut werden nicht im sinne von schreien oder gewalt sondern laut ganz im sinne von dieser stille die mit jeder silbe unter die haut zieht und sich dann von einer schicht auf die andere vorgräbt und irgendwann in deinen synapsen ankommt und dich erkennen lässt dass du dein scheinglashaus verlassen solltest um endlich zu sehen wozu der mensch fähig ist zu leben denn darin findet sich empathie und liebe

..wohin soll ich noch gehen wenn worte nur
floskeln und du so weit entfernt obwohl ich dich
im arme halte in anbetracht der realität dass ich
stehe obwohl ich gehe wenn wohl nicht weiß
wohin da du fohlst und mich ständig mit all
deiner nähe quälst die mich durchzieht wie
tomahawk raketen ein kriegsgebiet auch wenn
friede herrscht unter dieser zierlich
vorgehaltenen hand doch anerkannt bin ich
flüchtling mit dem status auf bleiberecht auch
wenn der nordwind weiter trägt in all den
floskeln die worte verleihen kann ich in dieser
kälte nahe dem equator nicht gedeihen da du für
mich die sonne und sie mir auch gleichsam
nimmst auch wenn du in mein tränenlied
miteinstimmst und summst bis du endlich
verstummst und ich den tinnitus endlos los
werden muss aber nicht kann da ich erst am
anfang von meinem weg der bereits zu ende und
wir reichen uns die hände und wenn ich in deine
augen blicke sehe ich das glück und ich gehe weg
von dir stück für stück

..ach wo lässt dich denn die
zeit feststecken oder bist du
nur am anecken mit allem
fantasie in der ironie das alles
wahr ohne das es je war und
vielleicht erst einmal ist wenn
man auf vieles vergisst darum
wo steckst du fest oder liegst
du wieder in unserem nest
das du bereits gerichtet bevor
noch alles geschlichtet und
wartest doch du liebe steh
nicht still denn ja ich will
weiter schreiben mich ein
wenig mit dir reiben und all
dein du im nu erkennen um
dich bei den haaren zu
nehmen um zart zu küssen
ohne müssen doch wollen oder
sollen wir bleiben oder lassen
es bleiben lassen oder hassen
doch kann liebe hass werden
oder funktioniert das nur im
sterben wenn man sein herz
begräbt und selbst an sich
und seiner gedanken sägt da
alles nichts oder alles ganz
mit oder ohne glanz und dann
ja wo fang ich an

..und ja ich bin da du irrer vogel der gezwitschert und fliegend meine gedankengänge besiegend weil du mich fängst ohne das du weißt was du mit mir anfängst weil der spatz in der hand nicht immer das ist was die taube auf dem dach verkörpert aber ungeörtert bin ich dich am halten und unsere gedanken am gestalten mit all dem du in mir und mir in dir in diesem uns das wohl ne art von kunst die frei interpretiert sich manchmal auch nur seniert um wieder anzuheben um ein wenig zu schweben so ungebunden umwunden doch ohne zu verwunden mit all den waffen die sich uns des lebens bereit gestellt wenn dein ich erhellt egal wo und wann doch wo fang ich an wenn ich dich schon im herzen und doch nicht weiß wo du bist da du vergisst dass mein herz gebrochen oder einfach verbrannt gerochen da es überhitzt zu tode geschwitzt bis ich liegen konnte und da ich bereits in dir wohnte oder wohne auf meinem weg mit meinen flügeln richtung sonne weiß ich du bist fehl am platz doch schatz halt inne ich will dich nicht verbrennen doch mit dir rennen mit dir hasten ohne rasten bis wir der sterne umlaufbahn erreichen doch streichen uns die fantasie wohl nie da ohne ihr alles nichts doch angesicht des gewichts all der gedanken die mich tragen wie auf einem fundament das niemand kennt bin ich verplant und ungeahnt all der tage zeiten die sich in uns breiten die sich gleichsam in die länge wie auch der höhe schlängeln bis nichts mehr übrig doch so üppig war alles ich bevor du warst und jetzt wo du bist ist alles du

..kleinlaut und großkariert reißen sie ihr maul auf und ausser heiße luft ist nichts zu hören da weder der inhalt fühlbar noch wahrnehmbar noch die intensität von wichtigkeit wenn nicht einmal ein schmetterling sonderlich irritiert von all dem gebrülle das für nichts und sollte es kleinkariert werden ist es meistens noch irrsinniger da von unnöten auch leise und im stummen verhallt der schall doch um so besser da nichts mehr störend aber gut ich weiß nicht wohin mich dies worte führen wenn meine finger auf die tastatur klopfen als gäbe es kein halten doch ich weiß ich bin am gestalten wenn auch nicht was doch doch und auch wieder nicht und in irgendeiner art und weise bleibt das wort ob kariert oder unter vorgehaltener hand kaschiert laut weder leise darum gilt es auf jedes wort zu achten das man denkt spricht schreit oder einfach nur flüstert da es grundlegend die basis für das gegenüber und auch wenn ein wort beladen mit so viel sinn in jedem silbigen buchstaben steht das fundament sprache in all der sinnlosen worte sollte ich statt dem karo doch den joker nehmen

..wie oft habe ich schon gegen windmühlen gekämpft und bin gegen stürme gerannt in all meiner blauäugigkeit im glauben zu sein es gäbe keinen anderen weg bis mich einst der sog einer böe erwischt und mit der fresse zu boden gedrückt im antlitz all der umherfliegenden windmühlenrotorblätter die messerklingenscharf mir nahezu den kopf gekostet hätten und im ersten atemzug mit leicht erhobenem kopf sah ich mich und lernte mich wahr zu nehmen

..draußen vor meinem fenster bricht das sonnenlicht gänzlich zart durch den nebel und bewegt diesen einen hebel in meinem kopf der gänzlich umgelegt weil sich dies unendliche freude in meinen synapsen hegt dass sich meine beine bewegen und meinen körper einfach mitnehmen und mit dem ersten atemzug der frühen morgenstunden sauge ich dies leben aus licht luft und wasser in mich auf und erblühe

..einfach mal in die welt schreien oder schreiben was ich will und nicht nur um den brei reden sondern nach dem ziel streben das so sehr in meinem herzen dass ich dir erzählen mag wie gerne ich vor menschen rede um dementsprechend auch mit all meinen gedanken den einen oder anderen funken entfachen mag was weiter dazu führt dass es nicht nur mich weiter bringt sondern eine große anzahl an menschen die hören und verstehen den selben weg gehen und wenn ich mich umschau hier mit dir und weiter bei allen die hier sind dann bewegen wir welten wenn wir es akzeptieren dass wir die helden unserer zeit die sich bereit machen um gemeinsam zu lachen weinen schreien oder schweigen denn ganz egal in welcher sprache wir kommunizieren wir verstehen uns auf herz-isch

..du hast mir mein herz gebrochen obwohl alles lediglich süßlich nach liebe hat gerochen doch ich war wohl allein und hielt den schein bis du mir sogar diesen glauben raubest nur weil du behauptest dass es besser wäre freunde zu bleiben und ich kann mir diesen satz nicht wieder einverleiben da er nur übelkeit auslösend und meine eingeweide sich abstoßend seh ich dich wie auf rosa wolken auch wenn ich liebend tot durch der tugend not auch wenn ich schwankend mich kaum haltend dir unendlich dankend denn du bist der grund warum ich weiß was liebe ist

..frei wie eine feder im wind die getragen oft sachte und dann geschwind treibe ich auf der suche nach meinen wurzeln die mich weisend mit mir verschweißend und mich beim namen heißend da ich nur bin weil der sinn dahinter immer weit davor und mein ziel auch wenn es oft viel doch es gefiel und gefällt niemals gequält da jede wurzel zählt die mich verbindend fliegen lässt

...bei allem respekt und all den worten über gefühle und emotionen wo bleiben unsere visionen wenn wir uns während dem welt retten erst nur mit netten oder doch vorgehaltenen komplimenten beschenken wo wir doch wissen was abgeht und ein jeder hier von uns versteht dass es mehr gibt und niemand alleine einen berg von der stelle schiebt doch wir handeln nur mäßig da wir gehässig wenn wir egoistisch werden und selbst die scherben anderer nicht erwähnen da wir uns oft lediglich nur sehnen und nichts tun anstatt zu ruhn um dann in der abhandlung von der erst besten überschrift der tageszeitung in schwung kommen und wie benommen wieder nur atmen anstatt zu schreien denn ja es ist zum speien wenn sich die welt an die gurgel geht und jeder sich wieder in sicherheit wägt auch wenn ich ein teil davon der mit schuld trägt an diesem arschloch verhalten dass an unser allen existenz sägt

..schizophren bin ich am gehen und tun kann nicht einfach ruhn doch erliege meiner erschöpfung während meiner köpfung wenn ich gedankeschwer längst am anschlag das gewehr und der abzug leise gespannt und kühl sich fühlend in meiner hand während mein blut kochend und mein herz vor schmerzen pochend reiße ich mich raus und fühle mich zuhaus in all dem gewirr bis der erste schuss geklirrt an mir vorbeigehend das fenster hinter mir trifft fühl ich mich bekifft da ich dich noch immer liebend neben all den hiebend schlägen die sich in meinen gedanken händereichend erwägen doch wieder gemeinsam zu gehen während niemand in mir verstehend was sich bewegend wenn ich doch still auch wenn ich nicht will doch der abzug gedrückt und entzückt dein lächeln auf den lippen wie vor einem flug von den klippen während ich das klicken schon wieder vernehmend während der abzug in deiner hand anerkannt führend rastet ohne zu rosten da immerwährend geschossen in all dem momenten wenn das gefühl über den tellerrand geflossen und ich mich bloß umarmend in der schizophrenie des bleibens

..ich danke dir von herzen für deine zeit
in der du mehr als nur bereit
zu lesen und dir gedanken zu machen
die zum weinen und ab und an zum lachen
doch jede silbe wie eine ranke
darum von herzen danke
an dich

wer ist dieser Laut.Denker

..geboren 1980, verfasst seit seinem vierzehnten Lebensjahr Gedichte und Geschichten, Christian Gruber hat die Leidenschaft in der Wortmalerei gefunden und lebt sie mit jeder Silbe, schreiben bedeutet für ihn den Kopf ausschalten um mit jedem Atemhauch der Seele und des Herzens Worte in Zeilen zu schreiben die dazwischen oft mehr aussagen als darauf, bedacht auf die Aussagekraft seiner Poesie zählt er auf eine gesunde Mischung aus Moderne und Bodenständigkeit, selbst in der Melancholie sieht er noch den positiven Gedanken und irgendwo dazwischen versteckt er Sarkasmus und Ironie in seinen Werken ohne Punkt und Komma und verzichtet auf Großbuchstaben, um den Fokus des Geschriebenen auf den Inhalt zu konzentrieren welchen jeder Leser / jede Leserin für sich selbst definieren kann.